Friedrich Gerhard Bolte

Elementare Schiffahrtkunde

Friedrich Gerhard Bolte

Elementare Schiffahrtkunde

ISBN/EAN: 9783954272402
Erscheinungsjahr: 2012
Erscheinungsort: Bremen, Deutschland

© *maritimepress in Europäischer Hochschulverlag GmbH & Co. KG, Fahrenheitstr. 1, 28359 Bremen. Alle Rechte beim Verlag und bei den jeweiligen Lizenzgebern.*

www.maritimepress.de | office@maritimepress.de

Bei diesem Titel handelt es sich um den Nachdruck eines historischen, lange vergriffenen Buches. Da elektronische Druckvorlagen für diese Titel nicht existieren, musste auf alte Vorlagen zurückgegriffen werden. Hieraus zwangsläufig resultierende Qualitätsverluste bitten wir zu entschuldigen.

Nautische Bibliothek

Herausgegeben

von

Professor Dr. F. Bolte

Direktor der Navigationsschule zu Hamburg

Dritter Band

Berlin 1907
Konrad W. Mecklenburg
vormals Richter'scher Verlag

Elementare Schiffahrtkunde

Von

Professor Dr. F. Bolte
Direktor der Navigationsschule zu Hamburg

Berlin 1907
Konrad W. Mecklenburg
vormals Richter'scher Verlag

Vorwort.

Es ist eine unbestrittene Tatsache, daß das Interesse an der Seeschiffahrt und der Wunsch nach Aufklärung über die das Seewesen betreffenden Fragen in Deutschland in den letzten Jahrzehnten immer reger geworden sind. Während in früheren Zeiten die Ausübung des seemännischen Berufes in besonders vorwiegendem Maße den Bewohnern der Küstengebiete oblag, wurden mit der stetig wachsenden Ausdehnung unserer Handelsflotte immer mehr die Söhne der binnenländischen Bevölkerung durch den Reiz angezogen, welchen die Seeschiffahrt gerade auf das frische, jugendliche Gemüt ausübt, und alljährlich suchen und finden aus allen Teilen Deutschlands viele ihre Zukunft auf dem Wasser.

Dazu kommt, daß das immer mehr in ganz Deutschland empfundene Bedürfnis nach Erhöhung von Deutschlands Seegeltung und die Notwendigkeit der Erweiterung der deutschen Wehrkraft zur See die Fäden der beruflichen Beziehungen zur Kriegsmarine stetig verdichten, und endlich treibt die Entwicklung des deutschen Handels und der deutschen Industrie den rührigen Kaufmann hinaus, um den von ihm dem Weltmarkt zugeführten Waren neue Absatzgebiete zu sichern.

Was ist unter diesen Verhältnissen natürlicher, als das in weiten Kreisen zutage tretende Streben nach Belehrung über die technische Seite der Schiffahrt, über Einrichtung, Ausrüstung und Betrieb der Seeschiffe und über die Methode, nach welcher der Seemann sein Schiff mit den ihm anvertrauten Menschenleben und Frachtgütern durch Sturm und Wogen dem Bestimmungshafen zuführt?

Dem Wunsche, diesem Bedürfnis nach Unterweisung entgegenzukommen, ist die Bearbeitung der vorliegenden „Elementaren Schiffahrtkunde" entsprungen.

Aus dem Vorstehenden ist ohne weiteres einleuchtend, daß das hiermit der Öffentlichkeit übergebene Büchlein nicht den Anspruch erheben will, ein vollständiges Lehrbuch der Nautik zu sein und daß die berufliche Unterweisung sowohl hinsichtlich der praktischen Seemannschaft als auch in bezug auf die Methoden der nautischen Ortsbestimmung den in Navigationsschulen eingeführten ausführlichen Lehrbüchern überlassen bleiben muß. Aus diesem Grunde soll auch auf den bei einem Lehrbuche erforderlichen systematischen Aufbau der Methoden hier verzichtet werden und zugunsten der Frische der Darstellung der zu behandelnde Stoff im allgemeinen in derjenigen Anordnung behandelt werden, welche sich aus der Zugrundelegung einer charakteristischen Seereise ergibt. Den natürlichen Ausgangspunkt wird hierbei eine kurze Besprechung derjenigen Einrichtungen des Schiffes bilden, welche für den technischen Betrieb der Schiffahrt wesentlich sind, der Mittel der Fortbewegung und Kursänderung von Schiffen, sowie der für die Beladung der Seeschiffe in Frage kommenden Stabilitäts= verhältnisse.

Um der Bestimmung des Buches für den gebildeten Laien in weitestem Umfange gerecht werden zu können, mußte für die Darstellung auf jeden über die elementarsten Grundbegriffe hinausgehenden mathematischen Apparat verzichtet werden; dagegen ist am Schlusse für die Bedürfnisse derjenigen, welche nach dieser Richtung etwas tiefer einzudringen wünschen, für bestimmte Kapitel in Form eines Anhanges eine Reihe von mathematischen Ableitungen und Entwicklungen beigegeben, auf welche an den betreffenden Stellen hingewiesen wird.

Der Verfasser.

Inhaltsverzeichnis.

		Seite
I.	Das Seeschiff	1
II.	Von Hamburg nach Cuxhaven	12
III.	Die Hilfsmittel der Küstenschiffahrt	20
IV.	Die Methoden der Küstenschiffahrt	31
V.	Die Besteckrechnung	44
VI.	Die astronomische Beobachtung der Kimmabstände	56
VII.	Die Verwandlung der beobachteten Kimmabstände in wahre Höhen	65
VIII.	Die Berechnung der geographischen Breite aus Meridianhöhen	76

Anhang:

Nr. 1.	Die Mercator-Projektion	85
Nr. 2.	Die Knotenlängen	86
Nr. 3.	Der Einfluß des Schiffsmagnetismus auf den Kompaß	87
Nr. 4.	Feuer in der Kimm	87
Nr. 5.	Abweichung und Längenunterschied	88
Nr. 6.	Die Formeln des Kursdreiecks	89
Nr. 7.	Die Parallelstellung der Spiegel des Sextanten	89
Nr. 8.	Die Drehung der Alhidade	90
Nr. 9.	Die Formel der Kimmtiefe	91
Nr. 10.	Korrektionen der Refraktion	92
Nr. 11.	Die Formel der Höhenparallaxe	93
Nr. 12.	Die Berechnung von Tafel 8	94

Tafeln:

Tafel 1.	Verwandlung von Strichmaß in Gradmaß	95
Tafel 2.	Sichtweite eines Feuers in der Kimm	95
Tafel 3.	Verwandlung von Abweichung in Längenunterschied	96
Tafel 4.	Gradtafel	98
Tafel 5.	Gesamtkorrektion der Fixsterne	116
Tafel 6.	Gesamtkorrektion für Sonnenunterrand	117
Tafel 7.	Gesamtkorrektion für Sonnenoberrand	118
Tafel 8.	Unterschied der scheinbaren und wahren Mondhöhe	119
Tafel 9.	Gesamtkorrektion für Mondunterrand	121
Tafel 10.	Gesamtkorrektion für Mondoberrand	122

I.

Das Seeschiff.

Für die Fortbewegung größerer Seeschiffe kommen nur zwei verschiedene Einrichtungen in Betracht, die Fortbewegung durch Segel oder durch Dampfmaschinen. Um zunächst mit den Segelschiffen, dem bei weitem älteren Typus, zu beginnen, so unterscheidet man nach der Art der Befestigung und dem vorwiegenden Verwendungszweck zwei Arten von Segeln, nämlich erstens die Rahsegel, d. h. solche Segel, welche an den horizontalen, an den Masten angebrachten Rahen befestigt sind, und zweitens die sogenannten Schratsegel, deren Fläche längsschiffs angeordnet ist. (Siehe umstehend Fig. 1.)

Da die natürliche Lage der Rahen querschiffs gerichtet ist, so sind die Rahsegel in erster Linie zur Ausnutzung eines von hinten, oder, wie der Seemann sagt, von „achtern" wehenden Windes bestimmt. Kommt der Wind direkt von achtern, d. h. segelt das Schiff vor dem Winde, so werden die Rahen „vierkant" gestellt, d. h. genau querschiffs gerichtet. Es mag hier gleich bemerkt werden, daß dies bei Seeschiffen nicht die günstigste Windrichtung bedeutet, da bei ihr die Segel des hintersten Mastes denjenigen der vorderen Masten den Wind wegnehmen, mithin nicht „alle Toppen ziehen" können. Viel günstiger ist der achterlich etwas mehr von der Seite einkommende Wind — man sagt dann, das Schiff segelt mit raumem Winde —, wie in Fig. 2 (Seite 3) im Grundriß angedeutet, in welchem die Pfeile die Windrichtungen angeben, da dann der Wind auf die Segelflächen sämtlicher Masten wirken kann. In Fig. 2 kommt der Wind von Backbord

Fig. 1. Bark auf Steuerbordhalsen unter Segel.

66 Jager (unten Jagerhals, oben Jagerfall oder -Kopf, in der Mitte Jagerschot).
67 Außenklüver.
68 Binnenklüver.
69 Vorstengstagsegel.
70 Fock.
71 Voruntermarssegel.
72 Vorobermarssegel.
73 Vorbramsegel.
74 Vorroil.
75 Großstengstagsegel.
76 Großmittelstagsegel.
77 Bramstagsegel.
78 Roilstagsegel.
79 Großsegel.
80 Großuntermarssegel.
81 Großobermarssegel.
82 Großbramsegel.
83 Großroil.
84 Besahnstagsegel.
85 Besahnsmittelstagsegel.
86 Besahnsstengstagsegel.
87 Besahn.
88 Gaffeltoppsegel.
89 Fockbuggording.
90 Focknockgording.
91 Großbuggording.
92 Großnockgording.
93 Flögel (Windfahne).

(links) ein. Um dann durch den Winddruck gegen die hinteren Segelflächen dem Schiffe den stärksten Impuls nach vorne zu erteilen, müssen die Rahen in der in der Figur angegebenen Weise gerichtet werden. Es geschieht dies durch die sogenannten Brassen, d. h. von den Enden der Rahen nach hinten an Deck gehende Flaschenzüge. „Die Steuerbordbrassen werden angeholt," oder „die Rahen werden an Steuerbord angebraßt." Je mehr der Wind seitlich geht, desto stärker müssen die Rahen angebraßt werden. Kommt der Wind gerade von der Seite, so segelt das Schiff „mit halbem Winde". Wenn die Windrichtung dann immer „vorlicher" wird, oder, wie der Seemann sagt, wenn der Wind „schralt", wird endlich für die Rahen die äußerste Grenze erreicht, bis zu welcher sie mit Rücksicht auf andere mechanische Behinderungen angebraßt werden können. Das Schiff segelt dann „beim Winde". Der seitliche Druck des Windes ist dann so groß, daß das Schiff sich stark „nach Lee" überneigt — die vom Winde abgewandte Seite heißt Leeseite, während die Windseite Luvseite genannt

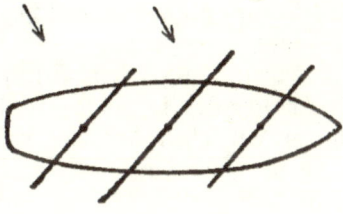

Fig. 2

wird —, und außerdem bewirkt dieser Seitendruck eine seitliche Verschiebung durch das Wasser, welche mit dem Namen „Abtrift" bezeichnet wird und beim Einzeichnen des Schiffsweges in die Seekarten, wie wir später sehen werden, berücksichtigt werden muß.

Die Befestigung der Schratsegel ist eine derartige, daß sie in ihrer natürlichen Lage in der Längsschiffsebene angeordnet sind. Sie stellen somit diejenigen Segel dar, welche besonders für die Ausnutzung seitlicher Winde und für das Segeln beim Winde in Betracht kommen. Sie sind der Mehrzahl nach Stagsegel, d. h. solche Segel, welche in dreieckiger Form an den sogenannten Stagen, den zur Befestigung der Masten an diesen und zwischen diesen angebrachten Drahttauen befestigt sind. Die Veränderung der Segelstellung geschieht bei den Stagsegeln durch „Anholen" (fester anziehen) oder „Auffieren" (etwas nachgeben) derjenigen Taue, welche die am Stag nicht befestigte untere Ecke des Stagsegels nach hinten hin an der Leeseite befestigen, der sogenannten „Schoten".

Wenn ein Schiff beim Winde segelt, sind die Schoten stramm angeholt, um dem von vorne seitlich einkommenden Winde Gelegenheit zu geben, die hintere Fläche der Stagsegel zu treffen, um so dem Schiffe einen Impuls nach vorne zu geben. Je mehr nun der Wind „raumt", d. h. die Windrichtung achterlicher wird, desto mehr müssen die Schoten gefiert werden, um diesen nach vorwärts gerichteten Druck zu vergrößern.

Solange das Schiff mit günstigem Winde, also sowohl vor dem Winde als auch mit raumem Winde segelt, wird derjenige Kurs gesteuert, welcher direkt auf das zunächst ins Auge gefaßte Ziel zuführt, und den Segeln hierbei diejenige Stellung gegeben, welche der wirksamsten Ausnutzung des Windes entspricht.

Wenn dann der Wind seine Richtung ändert und immer mehr schralt, so wird, so lange dies möglich, diesem Umstande durch Anziehen der Leebrassen und der Schoten Rechnung getragen, ohne daß das Schiff an der Verfolgung seines Kurses gehindert wird. Wenn aber die Grenze für diese Segelstellung erreicht ist, und der Wind noch weiter schralt, kann es seinen Kurs nicht mehr beibehalten, da sonst der immer mehr nach vorne sich ändernde Wind schließlich die Vorderfläche der Segel treffen würde, und es bleibt ihm dann nichts anderes über, als beim Winde weitersegelnd sich von der direkten Zielrichtung nach Lee zu abdrängen zu lassen und unter Verzicht auf den direkten Weg sich durch „Kreuzen" dem Ziele zu nähern.

Zur Erläuterung dieses Verfahrens möge in Fig. 3 Z das zu erreichende Ziel des Schiffes bedeuten und die in die Figur eingezeichneten Pfeile die Windrichtung darstellen. Da das in A befindliche Schiff bei dem herrschenden Winde Z nicht auf direktem Kurse erreichen kann, so muß es kreuzen. In der Regel rechnet man bei Seeschiffen, daß der Winkel zwischen der Kielrichtung und der Windrichtung, wenn das Schiff beim Winde segelt, etwa 60° bis 70° beträgt; man sagt „das Schiff liegt 70° am Winde".

Wenn in dem Beispiel von Fig. 3 das Ziel gerade östlich von A liegt und der Wind Nordost ist, mithin der Winkel zwischen Windrichtung und AZ 45° ist, so würde das Schiff 20° von der Richtung des Zieles nach Süden zu abgedrängt werden, etwa in die Richtung AB. Während dieser Zeit kommt der Wind von Backbord, das Schiff segelt, wie der Seemann sich ausdrückt, mit **Backbordhalsen**, eine Bezeichnung, welche besagt, daß der sogenannte „Hals" der Segel, das zur Befestigung der vorderen unteren Ecke des Segels dienende Tau, an Backbord befestigt ist.

In B angelangt, „wendet" man, d. h. man läßt das Schiff in der Richtung **gegen den Wind**, also hier im Sinne gegen die Uhrzeiger, unter dem Einfluß des Steuerruders

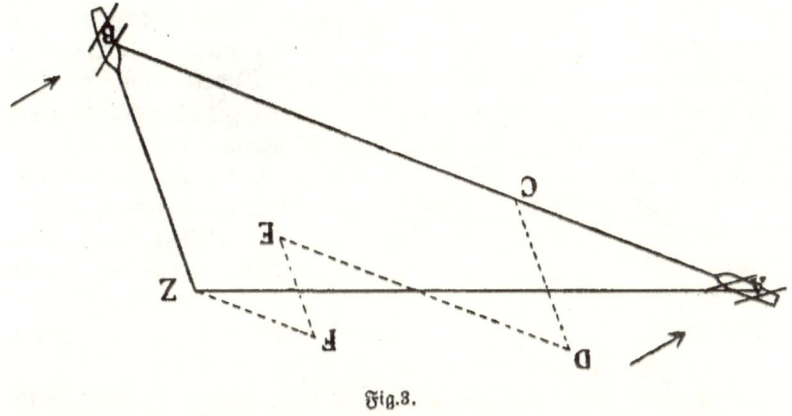

Fig. 3.

soweit herumdrehen, daß es nunmehr mit **Steuerbordhalsen** (Wind von Steuerbord) beim Winde segelt. Auf diesem Kurse gelangt es dann nach Z.

Wenn südlich von der Linie AZ Küsten, Untiefen oder andere Hindernisse die Verfolgung des ersten Kurses bis B nicht gestatten und das Schiff zu einem früheren Wenden zwingen, so muß sich dasselbe seinem Ziele in einer Zickzacklinie nähern, wie in Fig. 3 durch punktierte Linien angedeutet, und es bezeichnen dann die Punkte C, D, E, F diejenigen Stellen, an welchen gewendet wird. Die Strecken AC, DE und FZ werden mit Backbordhalsen, die Strecken CD, EF mit Steuerbordhalsen zurückgelegt. Obgleich nach rein geometrischer Auffassung die Summe der einzelnen Wegstrecken dieselbe ist, ob man mit einmaligem Wenden über B, oder mit viermaligem Wenden über *C, D, E* und *F* fährt, so zieht man, wenn die Umstände es gestatten, doch aus praktischen Gründen den ersteren Weg vor, weil einmal mit dem jedesmaligen Wenden Verlust an Zeit und Weg verbunden ist und zweitens das öfters wiederholte Wenden mit einem großen Rahschiffe für die Mannschaft in hohem Grade anstrengend und ermüdend ist, weil das Herumholen der sämtlichen Rahen an allen Masten eine Aufwendung von großer physischer Kraft erfordert.

Die Art der Ausstattung mit Segeln ist bei Seeschiffen in erster Linie maßgebend für die Bezeichnung des Schiffstyps. Wenn man von den kleinen Segelfahrzeugen absieht, welche ihren Platz im Dienste der überseeischen Handelsbeziehungen immer mehr an die Dampfer haben abtreten müssen, so kommen im wesentlichen nur zwei verschiedene Typen von großen Segelschiffen vor, die **Barkschiffe** und die **Vollschiffe** und zwar beide mit drei, vier oder fünf Masten.

Fig. 1 stellt eine **Dreimast-Bark** dar. Charakteristisch für eine Bark ist das Fehlen von Rahen am hintersten Mast, während alle übrigen Masten mit Rahen versehen sind. Der vorderste Mast heißt **Fockmast**, der mittlere **Großmast** und der hinterste **Besahnmast**.

Wenn alle Masten mit Rahen versehen sind, so nennt man das Schiff **Vollschiff**.

Das Material, aus welchem die größeren Seeschiffe heutzutage gebaut werden, ist fast ausschließlich Stahl und auch die Masten und Rahen werden der Hauptsache nach aus Stahl angefertigt.

Wenn wir aus den obigen Ausführungen über das Kreuzen ersehen haben, daß das Manövrieren mit großen Segelschiffen bei ungünstigem Winde in räumlich beschränkteren Gewässern mit großen Schwierigkeiten und Unbequemlichkeiten verknüpft ist, so ist dem gegenüber das Navigieren von Dampfern unter gleichen Verhältnissen bedeutend einfacher, weil der Bewegungsmechanismus derselben nicht nur jeden Kurs unabhängig von der Windrichtung, sondern auch je nach Wunsch ein Vor- und Rückwärtsgehen gestattet.

Bei den meisten größeren Seedampfern arbeitet der Dampf mit **dreifacher**, seltener mit **vierfacher Expansion**. Nachdem er aus den **Kesseln**, wo er erzeugt ist, in das

Hauptdampfrohr eingetreten ist, strömt er in diesem zunächst in den vertikalen Hochdruckzylinder, in welchem er den Kolben dadurch auf- und abwärts bewegt, daß er infolge einer besonderen Vorrichtung bald unterhalb, bald oberhalb des Kolbens in den Zylinder eintritt und hier durch seine Expansion den Kolben in Bewegung setzt. Nachdem er im Hochdruckzylinder seine Arbeit geleistet hat, geht er in den Mitteldruckzylinder, in welchem er dieselbe Funktion ausführt und gelangt dann endlich in den Niederdruckzylinder, wo sich dasselbe wiederholt. Damit ist die Ausnutzung des Dampfes vollendet; er wird nunmehr durch Abkühlung wieder zu Wasser kondensiert und dann durch Pumpen dem Kessel wieder als Speisewasser zugeführt, worauf sich der Kreislauf von neuem wiederholt. Die durch den Dampf bewirkte Auf- und Abwärtsbewegung der Kolben in den Zylindern wird nun in der folgenden Weise für die Bewegung des Schiffes verwendet: Zunächst sind die Kolben an den vertikalen Kolbenstangen befestigt, welche sich durch den Boden der Zylinder hindurch ebenfalls auf- und abwärts bewegen. Vermittelst der sich an die Kolbenstangen anschließenden Pleuelstangen wird dann die auf- und niedergehende Bewegung der Kolbenstangen in die rotierende Bewegung von Kurbeln umgesetzt, die an der Welle, einem längsschiffs unten im Schiff angeordneten langen, zylinderförmigem Schaft, befestigt sind. Durch die so erfolgende Rotation der Welle um ihre Längsachse dreht sich eine mit der Welle fest verbundene Schraube außerhalb des Schiffsrumpfes im Wasser. Die einzelnen Schraubenflügel sind in der Weise schräg befestigt, daß bei der Rotation der Schraube die Wassermassen von den Flügeln nach hinten geschleudert werden und dadurch dem Schiffe ein Antrieb zur Vorwärtsbewegung erteilt wird. Wenn durch „Umsteuern" der Maschine die Drehungsrichtung der Kurbeln und somit auch der Schraube sich umkehrt, werden die Wassermassen nach vorne geworfen und das Schiff geht rückwärts.

Die Übertragung der Bewegung auf das Schiff erfolgt im sogenannten Drucklager, in welchem ringförmige Aufsätze der Welle gegen die entsprechend angebrachten ringförmigen Vertiefungen des fest mit dem Schiffskörper verbundenen Lagers drücken.

Während früher allgemein eine einzige Schraube üblich war, wird in neuerer Zeit, besonders bei größeren Passagierdampfern, immer mehr das Zweischraubensystem bevorzugt und zwar nicht nur wegen der größeren Sicherheit für den Fall eines Wellenbruches, sondern auch aus dem Grunde, weil die Manöverierfähigkeit des Schiffes bedeutend erhöht wird.

Die Drehungsrichtung ist bei der einfachen Schraube in der Regel beim Vorwärtsgang rechts herum (von hinten gesehen), bei Doppelschrauben schlägt die rechte rechts herum, die linke links herum. Die erhöhte Manöverierfähigkeit des Zweischraubensystems liegt nun darin, daß man durch Umsteuern der einen Maschine beide Schrauben in demselben Sinne herumschlagen lassen und dadurch die kursändernde Wirkung des Steuerruders verstärken kann.

Die Sicherheit der Navigierung eines Schiffes, besonders in kritischen Situationen, ist in hohem Grade abhängig von der Steuerfähigkeit desselben. Dieselbe wird erreicht durch das Steuerruder. Dasselbe ist an der Hinterseite des „Hinterstevens" so angeordnet, daß es durch eine besondere mechanische, an Deck oder auf der Kommandobrücke angebrachte Vorrichtung um seine vertikale Achse nach links oder rechts gedreht werden kann. Die Möglichkeit, hierdurch eine Kursänderung herbeizuführen, kann man sich aus Fig. 4 klar machen. Wenn das Steuerruder so gelegt wird, daß das „Ruderblatt" sich nach rechts dreht, so stoßen die an der Steuerbordseite infolge der Vorwärtsbewegung des Schiffes nach hinten gleitenden Wassermassen gegen das Ruderblatt, und da dieses in seiner Lage starr mit dem Schiffskörper verbunden ist, wird dadurch dem ganzen Schiffe ein Drehungsimpuls erteilt, welcher das „Heck" (hinteres Ende) nach links, dagegen den „Kopf" (vorderes Ende) nach rechts zu bewegen strebt. Da die Kursänderung eines Schiffes aber stets nach der Drehung des Kopfes angegeben wird, so folgt ohne weiteres, daß die Änderung des Kurses stets nach derjenigen Seite hin erfolgt, nach welcher das Ruderblatt gedreht ist.

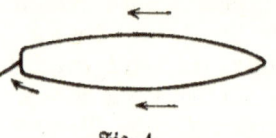
Fig. 4.

Hinsichtlich der Art und Weise, das Ruder zu drehen, unterscheidet man im wesentlichen drei verschiedene Einrichtungen.

Das einfachste, jetzt nur noch auf kleineren Schiffen Verwendung findende Verfahren ist das Steuern mit der „Pinne". Man versteht darunter einen am oberen Ende der Drehungsachse, dem „Ruderkopfe", angebrachten einarmigen Hebel. Da die Pinne nach vorne gerichtet ist, so muß sie, wenn das Schiff nach Steuerbord ausweichen soll, nach Backbord gedreht werden. Auf diesen Umstand ist das bis vor kurzer Zeit allgemein gebräuchliche Ruderkommando zurückzuführen, bei welchem ein Ausweichen nach Steuerbord durch das Kommando „Backbord", nach Backbord durch das Kommando „Steuerbord" erzielt wird. Diese zur Zeit der Pinne vollkommen sinngemäße Art des Ruderkommandos wurde dann auch noch beibehalten, als bei stetig größer werdenden Schiffen die Pinne durch eine mechanisch wirksamere Einrichtung ersetzt wurde, bei welcher die Drehung des Ruders durch ein Steuerrad hervorgerufen wird. Obgleich die Anordnung hierbei derart ist, daß einem Ausweichen des Schiffes eine Drehung des Rades nach derselben Seite entspricht, hielt man an dem alten Kommando fest, wodurch der Nachteil entstand, daß das Drehen des Rades stets in dem dem Kommandoworte entgegengesetzten Sinne erfolgen mußte, auf das Kommando „Backbord" also nach Steuerbord und umgekehrt. Um die Übereinstimmung zwischen Kommando und Manöver wiederherzustellen, wurde in Deutschland zuerst für die Kriegsmarine und später für die Handelsmarine die Verordnung erlassen, nach welcher die Kommandos „Backbord" und „Steuerbord" diejenige Seite bezeichnen, nach welcher das Rad gedreht werden und das Schiff ausweichen soll. Wenn auch durch dieses Vorgehen der dem alten Kommando anhaftende Mangel beseitigt worden ist, so bleibt doch der Nachteil bestehen, daß das neue deutsche Kommando sich in direktem Gegensatze zu dem in England, der ersten Schiffahrt treibenden Nation, gebräuchlichen Verfahren befindet, und es ist mit Rücksicht auf die vielfachen und engen personellen Beziehungen, durch welche der Dienst auf den Schiffen der verschiedenen Nationen miteinander verknüpft ist, dringend zu erhoffen, daß die ganze Frage des Ruderkommandos recht bald eine international gültige Lösung finden möge.

Das dritte Stadium in der Drehung des Ruders wird durch die an Bord von allen größeren Dampfern in Gebrauch befindliche Rudermaschine dargestellt. Dieselbe bewirkt das Umlegen des Ruders durch die Expansion des Dampfes. Sie wird in den Rudermechanismus eingeschaltet und durch ein kleines Rad auf der Kommandobrücke in Funktion gesetzt.

Die Sicherheit der Schiffahrt verlangt, daß das Schiff eine genügende Stabilität besitzt, d. h. daß ihm das Bestreben innewohnt, bei einer durch äußere Einwirkungen, wie Wind und Seegang, hervorgerufenen seitlichen Neigung in die aufrechte Lage zurückzukehren. Ist dies Bestreben nicht in dem erforderlichen Grade vorhanden, so nennt man das Schiff „rank". Viele Schiffe sind so rank, daß sie ohne Ballast, wie Sand oder Steine auf dem Boden, überhaupt nicht aufrecht stehen können, sondern „kentern" würden. Es muß daher bei der Beladung der Schiffe darauf Rücksicht genommen werden, daß die zu ladenden Güter so im Schiffe verteilt werden, daß der Schwerpunkt tief genug zu liegen kommt. Andererseits darf dieser Gesichtspunkt auch nicht ohne Gefahr eine zu weitgehende Berücksichtigung finden. Bei einem zu „steifen" Schiffe ist das Bestreben, in die aufrechte Lage zurückzukehren, so stark, daß es in heftige „schlingernde", d. h. seitlich hin- und herpendelnde Bewegungen gerät und dadurch die Gefahr entsteht, daß der Zusammenhang der einzelnen Teile gelockert wird oder daß die Masten über Bord schlingern.

Um die für ein Schiff maßgebenden Stabilitätsverhältnisse ins Auge zu fassen, muß man bedenken, daß dasselbe sich in jeder Lage unter dem Einflusse zweier Kräfte, der Schwerkraft und des Auftriebs befindet.

Bezeichnet man den Schwerpunkt des Schiffes mit allen an Bord befindlichen Gütern, den sogenannten „Systemschwerpunkt" mit S, so ist klar, daß, solange die Ladung fest im Schiffe liegt, S seinen Ort im Schiffe beibehält, wenn das Schiff sich nach Backbord oder Steuerbord überlegt. In diesem Punkte greift die Schwerkraft an und wirkt vertikal nach unten. Dem gegenüber wirkt der Auftrieb vertikal nach oben und zwar von dem Schwerpunkt der verdrängten Wassermasse aus. Diese verdrängte Wassermasse nennt man „Deplacement" des Schiffes und den Schwerpunkt desselben „Deplacementsschwerpunkt", in Fig. 5 mit D bezeichnet.

Im Falle von Fig. 5 wird das Schiff sich unter dem einwirkenden Kräftepaar wieder aufrichten. Dagegen würde, wenn die durch D gehende Vertikale die Mittschiffsebene unterhalb S schneidet, das Schiff sich nicht wieder aufrichten, sondern sich weiter neigen und kentern.

Die Lage des Systemschwerpunktes S hängt nun von der Verteilung der Gewichtsteile am und im Schiffe ab, die Lage des Deplacementsschwerpunktes D dagegen von der Form des Querschnittes, also der Bauart; mithin kommen für die Stabilität eines Schiffes beide Einflüsse in Betracht. Es erwächst daher dem Schiffsführer die Pflicht, die Verteilung

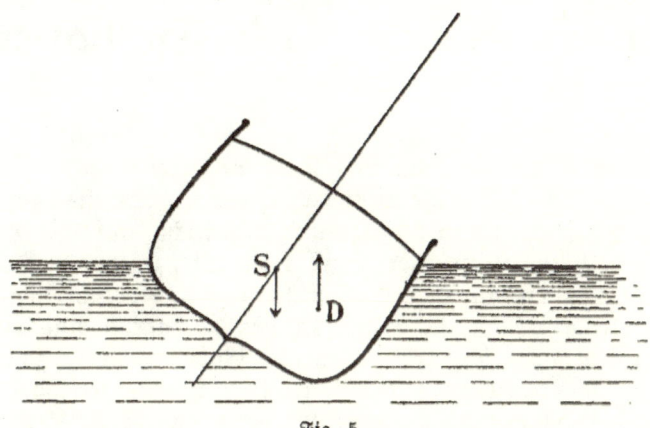

Fig. 5.

der Ladung der Bauart des Schiffes anzupassen, um seinem Schiffe für die Reise die Eigenschaften eines guten, bequemen „Seeschiffes" zu sichern, und der Kapitän eines Dampfers hat nötigenfalls außerdem noch zu berücksichtigen, daß der Systemschwerpunkt seines Schiffes seine Lage durch die allmähliche Entleerung der „Kohlenbunker" ändert und muß eine zu erhöhte Lage des Systemschwerpunktes durch Auffüllung von Hohlräumen unten im Schiffe, sogenannter Ballasttanks, mit Wasserballast unschädlich zu machen suchen.

II.
Von Hamburg nach Cuxhaven.

Wenn Ladung, Ausrüstung, Proviant an Bord sind und die Mannschaft ihren Dienst angetreten hat, handelt es sich bei einem tiefer gehenden Schiffe zunächst darum, die Zeit der Abfahrt mit Rücksicht auf die zu erwartenden Verhältnisse der Wassertiefen festzusetzen. Da die Flut zweimal täglich von See flußaufwärts fortschreitend an jedem Orte der Unterelbe Hochwasser hervorruft und ebenso die nach jedem Hochwasser einsetzende Ebbe ebenfalls zweimal am Tage Niedrigwasser bringt, so muß die Zeit der Abfahrt von Hamburg so gewählt werden, daß das Schiff die seichteren Stellen vor Eintritt des Hochwassers passiert, weil es dadurch die Möglichkeit erhält, bei einem etwaigen Angrundgeraten bei wachsender Wassertiefe wieder frei zu kommen. Nachdem die Trossen, mit denen der Dampfer am Lande befestigt war, gelöst sind, gleitet das Schiff unter Assistenz kleiner Schlepper, die ihm in den engen Fährstraßen des Hafens zur Erleichterung der Ausweichmanöver beigegeben sind, langsam die Elbe hinab. Wenn die Stadt passiert ist, und das bis dahin durch den lebhaften Hafenverkehr behinderte Fahrwasser ein freieres zu werden beginnt, werden die Schlepptrossen losgeworfen und die zunächst „langsam", dann mit „halber Kraft" arbeitende Schiffsmaschine gibt dem Schiffe den Antrieb zur Fortbewegung, dem noch immer aufwärts laufenden Flutstrom entgegen. Auf der Kommandobrücke halten der Kapitän und an seiner Seite der Lotse scharfen Ausguck nach den zur Bezeichnung des Fahrwassers ausgelegten Tonnen und Bojen und nach den entgegenkommenden

Dampfern und den das Fahrwasser kreuzenden kleineren Segelschiffen. Die erstere Vorsicht ist aus dem Grunde nicht außer acht zu lassen, weil die Wassertiefen ungeheuer verschieden sind und der Tiefgang seines Schiffes den Kapitän zwingt, stets der tieferen Rinne zu folgen. Um ihm die Durchführung dieser Sicherheitsmaßregel zu erleichtern, sind Seezeichen angebracht, welche nach einer einheitlichen, für ganz Deutschland gültigen Anordnung die tiefe Fahrstraße zu beiden Seiten begrenzen.

Für die aus See „einkommenden" Schiffe sind an **Steuerbordseite (rechts) als schwimmende Seezeichen rote Spierentonnen** vorgeschrieben, in Fig. 6 als *A, B, C* und *D* bezeichnet, während an der **Backbordseite (links) das Fahrwasser durch schwarze spitze Tonnen**, in Fig. 6 durch 1, 2, 3, 4 gekennzeichnet, begrenzt wird.

Wenn die Örtlichkeit die Aufstellung von Orientierungszeichen auf Land gestattet, sogenannter fester Seezeichen, ist an der Steuerbordseite ebenfalls die lange spitze Form charakteristisch, wie auf den **Baken mit Spiere** und den sogenannten **Stangenseezeichen**, während auf der Backbordseite **Baken ohne Spieren** angebracht werden.

Zur Orientierung bei Nacht sind an wichtigeren Stellen Leuchttonnen ausgelegt, welche an ihrer Spitze ein helles, in bestimmten Intervallen unterbrochenes Licht zeigen, und bei Nebel, wo die optischen Zeichen durch akustische Signale ersetzt werden müssen, dienen Heul- oder Glockentonnen dem vorsichtig navigierenden Schiffe als Wegweiser.

Alle diese Seezeichen sind, wie Fig. 6 angibt, in die Karte eingetragen. Die in derselben enthaltenen Zahlen bedeuten die an der betreffenden Stelle vorhandenen Wassertiefen, und zwar in den deutschen Karten in Metern, in den englischen dagegen in Faden (1 Faden = 6 Fuß). Zur besseren Hervorhebung sind die Abgrenzungen der Wassertiefen am Ufer von zwei zu zwei Metern durch schärfere Schattierung angezeigt. Um anzudeuten, daß eine Untiefe bei Niedrigwasser trocken liegt, dient die Markierung durch gekreuzte Linien, wie in Fig. 6 auf der Sandbank *A* angegeben.

Wenn aus dem Vorstehenden schon ohne weiteres einleuchtend erscheint, daß auf der Kommandobrücke die angestrengteste Aufmerksamkeit erforderlich ist, so verlangt auf

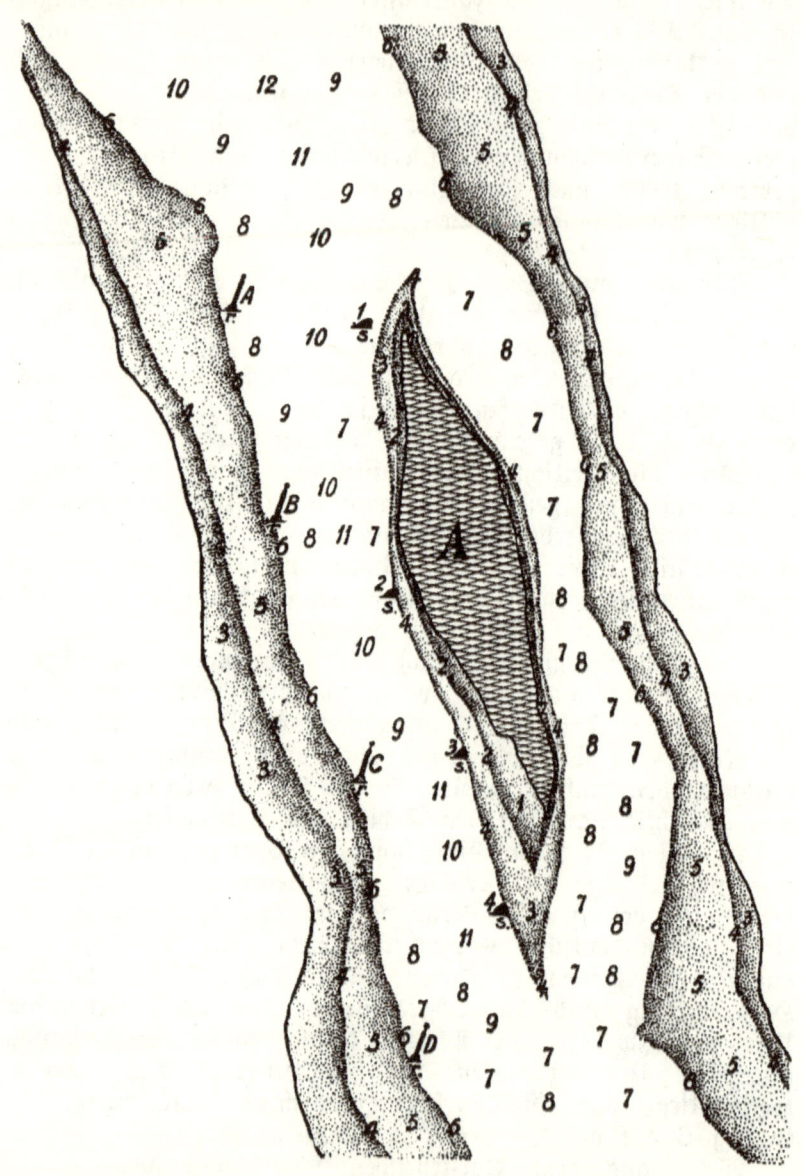

Fig. 6.

einem so belebten Fahrwasser, wie es die Elbe unterhalb Hamburg darstellt, die Pflicht des Schiffsführers, der durch das Begegnen so vieler Schiffe drohenden Kollisionsgefahr aus dem Wege zu gehen, besonders bei Nacht, einen sorgfältigen, ununterbrochenen Ausguck und in bestimmten Situationen schnelle Entschlußfähigkeit. Die Regeln für das Ausweichen der Schiffe auf See und in den mit der See in Zusammenhang stehenden Gewässern beruhen auf internationaler Übereinkunft, weil bei der bunten Mannigfaltigkeit der die Meere befahrenden Flaggen nur dadurch ein Erfolg in dem Bestreben, Zusammenstößen von Schiffen nach Möglichkeit vorzubeugen, gewährleistet wird.

Als natürliche Grundlage für die Regeln, nach denen bei drohender Kollisionsgefahr gehandelt werden muß, gilt zunächst die Forderung, daß derjenige auszuweichen hat, der hierzu am leichtesten und unbedenklichsten in der Lage ist. Die Anwendung dieses Prinzips führt zu den folgenden Grundsätzen:

1. Ein Dampfer muß einem Segelschiff aus dem Wege gehen. (Siehe Nummer 5.)
2. Ein Segelschiff, welches vor dem Winde segelt, muß anderen Segelschiffen aus dem Wege gehen.
3. Ein mit raumem Winde segelndes Schiff muß einem beim Winde segelnden Schiff aus dem Wege gehen.
4. Haben beide Segelschiffe raumen Wind von derselben Seite, so muß das luvwärts befindliche dem leewärts befindlichen aus dem Wege gehen.
5. Ohne Rücksicht auf irgendeine der vorstehenden Regeln muß jedes Schiff, welches ein anderes überholt, diesem aus dem Wege gehen. Dies ist der einzige Fall, wo ein Segelschiff einem Dampfer gegenüber zum Ausweichen verpflichtet sein kann.

In solchen Gefahr-Situationen, in welchen die Fähigkeit des Ausweichens für beide Schiffe die gleiche ist, mithin aus dem obigen Prinzip sich kein Anhaltspunkt dafür ergibt, wer von beiden auszuweichen hat, gelten folgende auf Konvention beruhende Vorschriften:

1. Wenn zwei Dampfer sich in gerade entgegengesetzter oder beinahe gerade entgegengesetzter Richtung nähern, muß jeder von ihnen seinen Kurs nach Steuerbord ändern, damit sie einander an Backbordseite passieren

2. Wenn die Kurse zweier Dampfer sich kreuzen, so muß derjenige aus dem Wege gehen, welcher den anderen an seiner Steuerbordseite hat.
3. Wenn zwei Segelschiffe raumen Wind von verschiedenen Seiten haben, so muß dasjenige, welches den Wind von Backbord hat, dem anderen aus dem Wege gehen.
4. Ein Segelschiff, welches mit **Backbordhalsen beim Winde** segelt (Wind von Backbord), muß einem Segelschiff, welches mit **Steuerbordhalsen beim Winde** segelt, aus dem Wege gehen.

Es verdient besonders hervorgehoben zu werden, daß mit alleiniger Ausnahme des Falles zweier sich in gerade entgegengesetzter oder beinahe gerade entgegengesetzter Richtung einander nähernden Dampfer eine Vorschrift über die Art des Ausweichens nicht gegeben wird, vielmehr dem zum Ausweichen verpflichteten Schiffe das „Wie" unter Berücksichtigung der in Betracht kommenden Verhältnisse, wie z. B. Geschwindigkeit der beiden Schiffe, Wassertiefen usw., selbst überlassen bleibt, nur ist ihm hierbei die Verpflichtung auferlegt, daß er, wenn die Umstände es gestatten, vermeiden soll, den Bug des anderen zu kreuzen. Um dem ausweichpflichtigen Schiffe das Ausweichen zu erleichtern, muß das andere Schiff seinen Kurs und seine Geschwindigkeit beibehalten.

Da die Befolgung des richtigen Verhaltens bei Kollisionsgefahren die Kenntnis der gegenseitigen Lage der Schiffe zu einander zur Voraussetzung hat, so ist für die Nachtzeit, wo diese Kenntnis nicht durch die Sichtbarkeit der Schiffe erlangt werden kann, zur Erleichterung der Orientierung das Zeigen von bestimmten charakteristischen Lichtern vorgeschrieben. In erster Linie sind hier die für jedes Schiff in Fahrt, einerlei ob Dampfer oder Segelschiff, obligatorischen Seitenlichter, an der **Steuerbordseite ein grünes**, an der **Backbordseite ein rotes**, zu nennen, welche so angebracht und eingerichtet sein müssen, daß sie von recht voraus bis zwei „Strich" ($= 22^{1}/_{2}°$) hinter der Richtung quer ab auf eine Entfernung von mindestens zwei Seemeilen ($= 3700$ Meter) sichtbar sind. Für Dampfer ist außerdem noch ein an erhöhter Stelle im vorderen Teile des Schiffes angebrachtes helles weißes Licht (Topplicht) von mindestens fünf Seemeilen (= 9260 Meter) Sichtweite vorgeschrieben, welches sein Licht über den gleichen Bogen des Horizontes, wie die beiden Seitenlichter zusammengenommen, wirft.

Eine ganz besondere Erschwerung tritt ein, wenn durch Nebel die freie Aussicht in erheblichem Grade beschränkt ist. Aus diesem Grunde sind den Schiffen für diesen Fall ganz besondere Vorsichtsmaßregeln vorgeschrieben. Zunächst darf jedes Schiff bei Nebel, dickem Wetter, Schneefall oder heftigen Regengüssen nur mit mäßiger Geschwindigkeit fahren; ferner verlangt die Kaiserliche Seestraßenordnung unter diesen Umständen bestimmte, in bestimmten Intervallen gegebene Schallsignale, bei Dampfern mit der Dampfpfeife oder der Sirene und bei Segelschiffen mit dem Nebelhorn und zwar für letztere, um die Orientierung über die gegenseitige Lage zweier sich im Nebel begegnender Schiffe zu erleichtern, verschieden, je nachdem das Schiff mit Steuerbordhalsen oder mit Backbordhalsen beim Winde segelt, oder mit einem Winde „achterlicher als dwars (quer)" und endlich muß ein im Nebel vor Anker liegendes Schiff dies durch rasches Läuten einer Glocke, welches mindestens alle Minuten zu wiederholen ist, anzeigen.

Zum besseren Verständnisse möge die Möglichkeit, durch diese Lichterführung sich über die Situation zweier Schiffe zu orientieren, an einigen Beispielen erläutert werden.

1. Auf einem Dampfer erblickt man recht voraus ein weißes Licht und bald darauf ein rotes rechts unterhalb und ein grünes links unterhalb des weißen. Wie ist die Situation und wie hat man sich zu verhalten?

Die gesichteten Lichter gehören einem direkt entgegenkommenden Dampfer an. Beide Dampfer müssen nach Steuerbord ausweichen und durch einen kurzen Ton mit der Dampfpfeife oder Sirene, welcher die Bedeutung hat „ich richte meinen Kurs nach Steuerbord", dies Manöver anzeigen.

2. Auf einem westwärts steuernden Dampfer erblickt man etwa zwei Strich ($22^1/_2\,^\circ$) an Steuerbord voraus das Topplicht und das grüne Seitenlicht eines anderen Dampfers. Wie ist die Situation und wie hat man sich zu verhalten?

Der gesichtete Dampfer B in umstehender Fig. 7 kann irgendeinen zwischen den Grenzlagen 1 und 2 belegenen Kurs steuern. In keinem Falle liegt eine Kollisionsgefahr vor und es können daher beide Dampfer Kurs und Geschwindigkeit beibehalten.

Bolte. Elementare Schiffahrtkunde. 2

3. Auf einem westwärts steuernden Dampfer erblickt man etwa zwei Strich (22½°) an Steuerbord voraus das Topplicht und das rote Seitenlicht eines anderen Dampfers. Wie ist die Situation und wie hat man sich zu verhalten?

Der gesichtete Dampfer B in Fig. 8 kann irgendeinen zwischen den Grenzlagen 1 und 2 belegenen Kurs steuern. A muß aus dem Wege gehen, weil er den anderen Dampfer an seiner Steuerbordseite hat, B muß Kurs und Geschwindigkeit beibehalten. Die Entscheidung über die für das Ausweichen in Betracht kommenden Manöver ist dem Dampfer A je nach den obwaltenden Umständen überlassen; im allgemeinen wird er im vorliegenden Falle durch Änderung seines Kurses

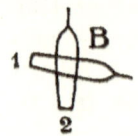

Fig. 7.

nach Steuerbord hinter dem Dampfer B herumzukommen suchen, da er, wenn die Umstände es gestatten, vermeiden soll, den „Bug desselben zu kreuzen," d. h. vorüberzufahren, event. kann er auch seine Fahrt verlangsamen oder gar seine Maschine rückwärts gehen lassen. Die Kursänderung nach Steuerbord ist durch einen kurzen Ton anzuzeigen.

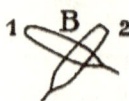

Fig. 8.

Wenn in Fig. 8 A ein Segelschiff darstellt, so muß dasselbe, einerlei, ob vor dem Winde, mit raumem Winde oder beim Winde segelnd, Kurs und Fahrt beibehalten, der Dampfer B dagegen aus dem Wege gehen.

5. Auf einem westwärts steuernden Dampfer A erblickt man ein bis zwei Strich an Backbord voraus ein grünes Licht. Der Wind ist nördlich. Wie ist die Situation und wie hat man sich zu verhalten?

Das gesichtete Licht ist das grüne Seitenlicht eines Segelschiffes; folglich muß A aus dem Wege gehen, B dagegen Kurs und Fahrt beibehalten. Für die Entscheidung über das auszuführende Manöver muß A sich über die Situation klar werden, welche die Windrichtung dem Segler gestattet. Da der Wind nördlich ist, so kann das Segelschiff keinen nördlicheren Kurs steuern als den in Fig. 9 dargestellten. A wird also je nach den Umständen entweder durch ein Ausweichen nach Steuerbord oder Backbord aus dem Wege gehen, auf jeden Fall sein Manöver aber dem Segelschiffe anzeigen, durch einen einzigen kurzen Ton bei einer Kursänderung nach Steuerbord und durch zwei kurze Töne bei einer Kursänderung nach Backbord. Glaubt A der drohenden Kollisionsgefahr nur dadurch aus dem Wege gehen zu können, daß er seine Maschine mit voller Kraft rückwärts gehen läßt, so muß er dies Manöver durch drei kurze Töne anzeigen.

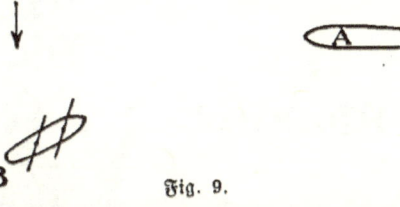

Fig. 9.

6. Ein Segelschiff A, welches bei nördlichem Winde auf Backbordhalsen beim Winde segelt, erblickt vier Strich (45°) an Backbord voraus das grüne Seitenlicht eines Segelschiffes B. Wie ist die Situation und wie hat man sich zu verhalten?

Das gesichtete Segelschiff B in Fig. 10 kann irgendeinen zwischen den Grenzlagen 1 und 2 liegenden Kurs steuern. In jedem Falle muß B aus dem Wege gehen, da es mit raumem Winde oder vor dem Winde segelt, während A beim Winde segelt. A dagegen muß Kurs und Geschwindigkeit beibehalten.

Fig. 10.

Aus diesen wenigen Beispielen, welche nur einzelne wenige Fälle aus der Fülle der möglichen Kombinationen darstellen, kann man zur Genüge ersehen, welche Anforderungen an die Fähigkeit des Schiffsführers gestellt werden, sich schnell ein klares Bild über die gegenseitige Lage der beiden Schiffe zu machen und die zur Abwendung einer drohenden Kollision erforderlichen Maßregeln anzuordnen.

III.
Die Hilfsmittel der Küstenschiffahrt.

Das Wesen der Methode der Küstenschiffahrt besteht darin, daß der von dem Schiffe zurückgelegte Weg, wie er sich dem Schiffsführer aus der Konfiguration der Küste, aus der Berücksichtigung von Wind und Wetter und aus der Notwendigkeit, Untiefen zu vermeiden, ergibt, in die Seekarte eingetragen wird, so daß man jederzeit den Standort des Schiffes in der Karte angeben kann. Der Besitz einer guten, die wirklichen Verhältnisse naturgetreu wiedergebenden, mit allen zur Orientierung dienenden, von See aus sichtbaren, terrestrischen Objekten, wie Leuchttürmen, Kirchtürmen und Seezeichen versehenen Seekarte ist daher die erste, unumgänglich notwendige Vorbedingung für die Sicherheit der Küstenschiffahrt.

Wenn der in einer Karte zur Darstellung zu bringende Teil der Erdoberfläche nur eine sehr beschränkte Ausdehnung hat, wenn es sich z. B. um die Darstellung einer Stadt oder eines Hafens handelt, so kann man diesen kleinen Teil der Erdoberfläche ohne Bedenken als eine Ebene ansehen. Wenn aber eine Karte eine größere Ausdehnung haben soll, so muß bei der Darstellung in einer Karte dem Umstande Rechnung getragen werden, daß die Erde eine Kugel ist. Nun ist es ohne weiteres klar, daß ein Teil einer Kugeloberfläche nicht ohne Verzerrung in einer Ebene dargestellt werden kann und es gibt eine ganze Anzahl verschiedener Projektionsarten, welche je nach dem Verwendungszwecke der Karte angewandt werden können.

Die Anforderung, welche der Seemann an eine Karte stellt, ist eine dreifache. Erstens sollen die vom Schiffe gesteuerten Kurse in der Karte durch gerade Linien dargestellt werden; um diese Forderung zu erfüllen, müssen die von Nord nach Süd sich erstreckenden Meridiane, welche auf der Erdoberfläche gegen die Pole hin konvergieren, in der Karte parallele Gerade sein.

Um dies einzusehen, wollen wir den vom Schiffe beim Verfolgen eines bestimmten Kurses auf der Erdoberfläche zurückgelegten Weg etwas näher betrachten.

Wenn ein Schiff von einem beliebigen Orte in 50° Nord beständig den Kurs NO steuert, so bewegt es sich auf einer Linie, welche mit jedem Meridian einen Winkel von 45° bildet, und da die Meridiane gegen den Nordpol hin konvergieren, so folgt hieraus, daß die vom Schiffe verfolgte Linie sich spiralförmig um die Erde legt. Man nennt diese Kurve „Loxodrome" (d. h. schieflaufende Linie). Wenn nun diese Loxodrome in der Seekarte eine gerade Linie sein soll, welche mit allen Meridianen einen Winkel von 45° bildet, so müssen eben die Meridiane unter sich parallel sein, wie Fig. 11 angibt. Um

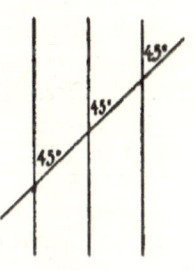

Fig. 11.

diese Bedingung zu erfüllen, denkt man sich also die Meridiane auf der Erdoberfläche soweit auseinandergebogen, daß sie zu geraden Linien werden. Dieses Auseinanderbiegen muß also um so stärker erfolgen, je näher die Meridiane auf der Erde zusammenliegen, d. h. je größer die Breite ist.

Damit würde aber die zweite Forderung verletzt werden, die der Seemann im Interesse einer bequemen Eintragung seiner Route an seine Seekarte stellt, und welche darin besteht, daß die Kurse von der Erdoberfläche unverfälscht in die Karte übergehen; denn offenbar würden durch das soeben besprochene Auseinanderbiegen der Meridiane alle Kurse im Sinne einer Annäherung an die Richtung Ost-West geändert. Um diesen Fehler zu beseitigen, verfuhr der deutsche Geograph Merkator so, daß er ein zweites Auseinanderziehen des Oberflächengebildes von unten nach oben vornahm und zwar ebenso stark, wie das erstere von links nach rechts. Damit war der Fehler der Kursverzerrung wieder beseitigt, der Karte der Charakter der „Winkeltreue" erhalten, und daher ist die nach ihrem Erfinder benannte Merkator-Projektion allen Seekarten zugrunde gelegt worden.

Um den Weg des Schiffes in der Seekarte bequem verfolgen zu können, ist als dritte Anforderung endlich die Bedingung zu erfüllen, daß für die durchsegelten Wegstrecken ein passender Maßstab existieren muß. Auch dies leistet die Merkator-Projektion in der einfachsten Weise.

Als Längeneinheit für die gesegelten Distanzen gilt die Seemeile. Dieselbe ist definiert als die Minute, oder der sechzigste Teil eines Grades, auf einem größten Kreise der Erdkugel, also auch des Meridians. Sie ist daher gleich dem 5400sten Teile des Meridianquadranten, mithin, da der letztere zehn Millionen Meter umfaßt, gleich 1852 Meter. Um also auf einer in die Karte eingetragenen Kurslinie eine bestimmte Anzahl Seemeilen, die das Schiff auf diesem Kurse gesegelt ist, abzusetzen, braucht man nur die gleiche Anzahl von Breitenminuten auf dem rechten oder linken Rande der Karte mit dem Zirkel abzugreifen und diese Strecke auf der Kurslinie abzutragen. Weil aber mit wachsender Breite die Breitenminuten ebenfalls zunehmen, da das Auseinanderziehen von unten nach oben desto stärker erfolgt, je größer die Breite ist, so ist es nicht einerlei, an welcher Stelle des Kartenrandes man die Anzahl der Breitenminuten abgreift; das Abmessen muß vielmehr etwa in der Breite der gesegelten Distanz geschehen, genau genommen so, daß die Mitte zwischen den beiden Zirkelspitzen auf dem Kartenrande und auf der Kurslinie auf derselben Breite zu liegen kommt.

Der Maßstab einer Seekarte ist je nach dem Verwendungszwecke ein sehr verschiedener. Am kleinsten ist er bei den sogenannten „Übersichtskarten", auch „Übersegler" genannt, welche im Verhältnis von 1 zu 1 bis 2 Millionen hergestellt werden, bei den „Segelkarten" ist das Verhältnis 1 zu 300000 bis 600000, bei den „Küstenkarten" 1 zu 100000 bis 150000, bei den „Spezialkarten" 1 zu 25000 bis 50000 und endlich bei den „Plänen" 1 zu etwa 20000.

Je größer der Maßstab einer Karte, desto reichhaltiger und mehr ins Einzelne gehend ist ihr Inhalt. Die Gestaltung des Meeresbodens wird durch Tiefenangaben in Metern oder Faden (1 Faden = 6 engl. Fuß) dargestellt, die Beschaffenheit desselben durch eingedruckte Angaben wie L (Lehm), M (Muscheln), Schl (Schlamm), Sd (Sand) usw. bezeichnet. Wir werden in einem späteren Kapitel sehen, wie diese Angaben von Wassertiefe und Bodenbeschaffenheit in unsichtigem Wetter, wo keine terrestrischen Objekte der Beobachtung zugänglich sind, die einzigen Hilfsmittel sind, welche der Schiffsführung zur Orientierung über den Ort des Schiffes zur Verfügung stehen. Untiefen, Watten, Klippen, Seezeichen und Feuerschiffe sind durch charakteristische Zeichen angegeben und die an einem Orte vorhandenen Strömungen durch eingezeichnete Pfeile dargestellt, welche außer der Richtung durch beigefügte Zahlen die stündliche Geschwindigkeit des Stromes in Seemeilen anzeigen.

Von dem Küstensaume ist alles dasjenige eingetragen, was für den Seemann zur Bestimmung seines Schiffes und für die Ansegelung wissenswert ist, die Gestaltung und Beschaffenheit der Küste, ob Steilküste oder flach verlaufender Strand, ob Laubwald oder Nadelwald, Gebüsch oder Wiesen und die von See aus sichtbaren, besonders in die Augen springenden Gegenstände wie Kirchen, Windmühlen, Leuchttürme u. dgl. sind ebenfalls eingetragen. Das dem Küstensaume ferner liegende Kartengebiet enthält außerdem noch Abbildungen von besonderen Objekten, wie Leuchttürmen, in naturgetreuer Darstellung, oder die Wiedergabe von kleineren bei der Einsegelung zu benutzenden Wasserstraßen in einem vergrößerten Maßstabe.

Allen Seekarten gemeinsam ist ein eingezeichnetes Gradnetz, bestehend aus den in bestimmten Intervallen von Nord nach Süd verlaufenden Meridianen und aus den von Ost nach West sich erstreckenden Breitenparallelen. Sie dienen dazu, um Breite und Länge eines Ortes der Karte entnehmen oder in dieselbe eintragen zu können.[1]

Um den Weg des Schiffes in der Karte verfolgen zu können, muß man für jede zurückgelegte Wegstrecke Richtung und Länge, oder, wie der Seemann sagt, Kurs und Distanz kennen.

---

[1] Näheres über die Merkator-Projektion siehe Anhang unter Nr. 1.

— 24 —

Der Kurs wird bestimmt mit Hilfe des Kompasses, die Distanz mit Hilfe der Logge.

Der wichtigste Teil des Kompasses ist die Magnetnadel. Wie allgemein bekannt, besitzt eine horizontal schwingende Magnetnadel die Eigenschaft, sich an jedem Orte der Erde in eine ganz bestimmte, diesem Orte eigentümliche Richtung einzustellen. Diese Richtung wird magnetischer Meridian genannt. Derselbe fällt im allgemeinen nicht mit dem geographischen Meridian zusammen, sondern bildet mit ihm einen Winkel, welchen der Physiker Deklination, der Seemann Ortsmißweisung nennt. Dieselbe ändert sich von Ort zu Ort und ist auch für denselben Ort mit der Zeit veränderlich.

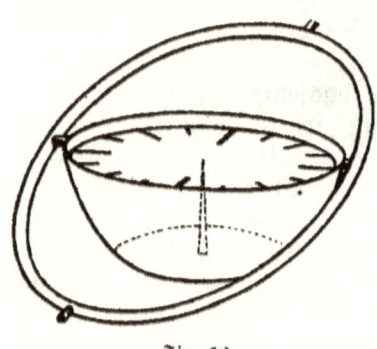

Fig. 12.

Diese Eigenschaft der Magnetnadel wird nun beim Schiffskompaß benutzt, um auf See die Richtungen zu bestimmen. Zu diesem Zwecke ist die Magnetnadel, oder noch besser ein System von mehreren kleinen Nadeln, fest mit einer kreisrunden Scheibe, der sogenannten Kompaßrose, verbunden. Dieselbe trägt in ihrer Mitte ein sogenanntes Hütchen mit einem harten Stein, mit welchem sie auf einen vertikalen Stift, „Pinne" genannt, mit einer Stahlspitze aufgesetzt wird. Wenn man dann den Rand der Kompaßrose mit den Namen der verschiedenen Richtungen des Horizontes versieht, so kann man, wenn die Rose sich eingestellt hat, die Richtung eines jeden Gegenstandes direkt am Kompaß ablesen. Die Pinne ist in der Bodenmitte des Kompaßgehäuses, des sogenannten Kompaßkessels befestigt. Um den Stift bei den Bewegungen des Schiffes stets in seiner vertikalen Lage zu erhalten, ist der Kessel mit einer besonderen Einrichtung versehen. Der in seinem Boden durch Blei beschwerte Kessel hängt zunächst in einem Ringe in zwei sich diametral gegenüberstehenden Zapfen (Fig. 12). Dieser Ring hat dann zwei weitere Zapfen, 90° von den erstgenannten Zapfen entfernt, mit welchem das Ganze in das auf der Kommandobrücke befindliche Kompaßhaus eingesetzt wird. Da der Ring sich in den äußeren Zapfen und der Kompaßkessel in den inneren Zapfen frei drehen kann, so bleibt der Kompaßkessel und mit ihm die Pinne und die auf ihm schwebende Rose stets in derselben Lage, wie auch das Schiff durch Winddruck und Seegang sich bewegen mag.

Die Einteilung des Rosenrandes ist eine doppelte, einmal nach Graden und zweitens nach „Strichen". Bei der

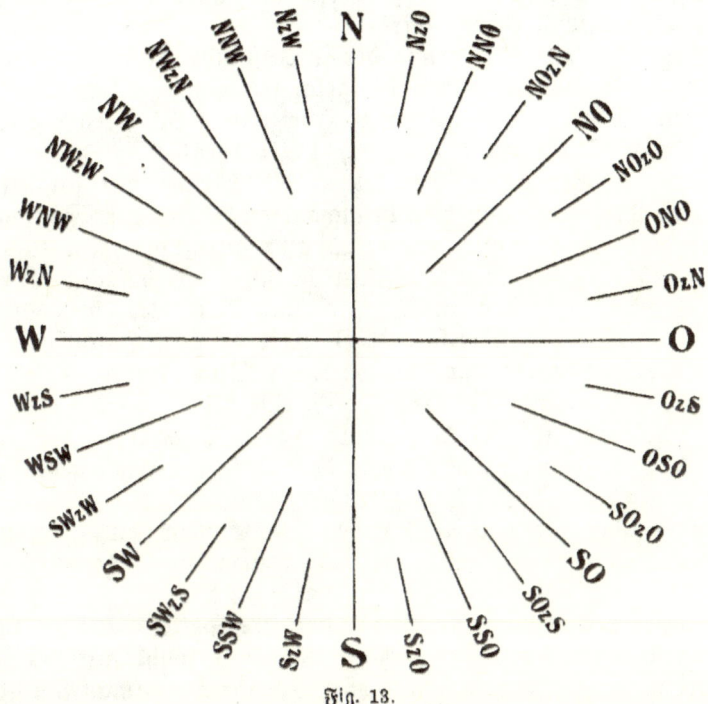

Fig. 13.

ersteren geht die Teilung von Nord und Süd anfangend nach Ost und West herum in vier Quadranten von 0° bis 90° durch und in entsprechender Weise werden die Kurse nach dieser Einteilung auch benannt als N 41° O, S 29° O, S 13° W, N 69° W usw. Die Rechnung der Kurse in diesem Gradmaß gewinnt in der Navigation mehr und mehr an Boden und ist auf größeren Dampfern fast allgemein eingeführt.

Bei der Einteilung des Horizontes nach Strichen geht man von den vier Hauptrichtungen N, O, S, W aus.

Durch Halbierung der vier Intervalle entstehen vier Zwischenrichtungen NO, SO, SW, NW.

Halbiert man die entstandenen acht Intervalle noch einmal, so gelangt man zu den Richtungen NNO, ONO, OSO, SSO, SSW, WSW, WNW, NNW.

Die Benennung derselben geschieht also einfach durch Zusammensetzung der beiden benachbarten Haupt- resp. Zwischenrichtungen und zwar so, daß zuerst der Hauptstrich und darauf der Zwischenstrich gesetzt wird.

Setzt man die Halbierung der so entstandenen 16 Intervalle endlich noch weiter fort, so gelangt man zu weiteren 16 Strichen, sodaß damit der ganze Horizont in 32 Striche geteilt ist. Jeder Strich ist also gleich $11^1/_4$ Grad.

Für die Benennung der letzten 16 Striche gilt folgendes Prinzip: Man geht von dem benachbarten Haupt- oder Zwischenstrich (N, NO, O usw.) aus und gibt durch den Namen an, nach welchem der vier Hauptstriche hin der gesuchte Strich liegt. So heißt der zwischen N und NNO liegende Strich „Nord zu Ost", geschrieben NzO, weil er dem Hauptkurse N benachbart ist und von diesem nach Osten hin liegt. Der zwischen NNO und NO liegende Strich heißt NOzN, weil er dem Zwischenstrich NO benachbart ist und von diesem aus nach Norden liegt. Die Namen der übrigen hierher gehörigen Striche sind in Fig. 13 eingetragen.

Weil aber die vollen Striche als Einheit zu groß sein würden und es erforderlich ist, die Kurse noch genauer anzugeben, gibt man dieselben auf halbe und viertel Striche an. So liegt der Kurs NzO$^1/_4$O um $^1/_4$ Strich weiter nach Osten als NzO, man bezeichnet ihn auch wohl mit N$1^1/_4$O („Nord $1^1/_4$ Strich Ost") und ebenso leicht kann man sich über die Lage der Kurse NNO$^1/_2$O (N$2^1/_2$O), NO$^3/_4$N (N$3^1/_4$O), O$^1/_4$N (N$7^3/_4$O), SSO$^1/_2$O (S$2^1/_2$O), WSW$^3/_4$W (S$6^3/_4$W), NW$^1/_2$W (N$4^1/_2$W) usw. klar werden. Zur Verwandlung von Strichmaß in Gradmaß und umgekehrt dient Tafel 1.

Um den Kompaß möglichst empfindlich zu machen, ist erstens eine große magnetische Kraft der Nadeln und zweitens ein geringes Gewicht der Rose erforderlich. Beide Bedingungen werden in besonders hohem Grade erfüllt durch den sogenannten Fluidkompaß, bei welchem die Rose, mit einem mit Luft gefüllten Schwimmer versehen, in einer Flüssigkeit sich befindet.

Durch die Größe des Schwimmers läßt sich dann der in der Flüssigkeit wirkende Auftrieb so regulieren, daß die Rose nur mit einem sehr kleinen Gewicht auf die Pinne drückt und ferner ist man in der Lage, das magnetische Moment der Rose durch Anwendung größerer Nadeln zu erhöhen, ohne eine zu große Reibung zwischen Hütchen und Pinne befürchten zu müssen.

Um nun den gesteuerten Kurs bequem ablesen zu können, ist der Kompaßkessel im Innern mit einem schwarzen Strich, dem sogenannten „Steuerstrich", versehen. Derselbe ist so angebracht, daß er genau vor der Mitte der Rose sich befindet. Die Stellung des Steuerstriches gegenüber dem eingeteilten Rosenrand gibt dann direkt den Kurs des Schiffes an.

Die Geschwindigkeit des Schiffes, oder, wie der Seemann sagt, die Fahrt desselben, wird angegeben durch die Anzahl

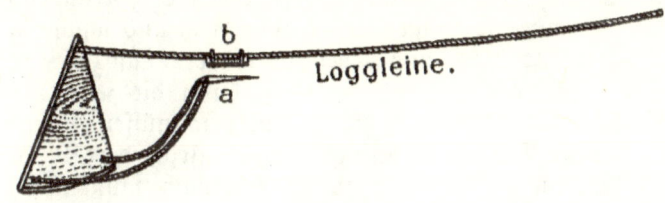

Fig. 14.

der Seemeilen, welche das Schiff in einer Stunde zurücklegt, und mit Hilfe der Logge gemessen. Man unterscheidet verschiedene Arten von Loggen.

Das Prinzip der einfachen „Handlogge" beruht darauf, daß ein sektorförmiges Brett, dessen Bogen mit einem Bleistreifen beschwert ist, hinten am Heck des Schiffes vermittelst einer Leine, der sogenannten Loggleine, ins Wasser gelassen wird, nachdem vorher der Holzpflock *a* in die an der Leine befestigte Hülse *b* gesteckt worden ist. Nachdem dann von der Rolle, auf welcher die Loggleine aufgewickelt ist, soviel von der Leine ausgelaufen ist, daß der Loggsektor der saugenden Wirkung des Kielwassers entzogen ist, — man nennt dieses Stück der Loggleine den „Vorläufer" — beginnt die Messung. Dieselbe besteht darin, daß mit einer Sanduhr von einer bestimmten Laufzeit von beispielsweise 15 Sekunden ermittelt wird, wieviel Leine während dieser Zeit ausgelaufen ist und daß dann unter der Annahme, daß der Loggsektor an seiner Stelle im Wasser stehen bleibt, berechnet wird, welcher Fahrt des Schiffes in der Stunde dies entspricht. Der Bequemlichkeit halber werden dabei in die Loggleine Knoten in solchen Abständen eingebunden, daß die Anzahl der dem loggenden Schiffsoffizier durch die Hand gleitenden Knoten gleich der stündlichen Fahrt des Schiffes in Seemeilen ist. Aus diesem Grunde gibt man letztere in „Knoten" an; „das Schiff läuft 8 Knoten (8 kn)" ist gleichbedeutend mit „das Schiff legt in einer Stunde 8 Seemeilen (sml) zurück."

Die Entfernung der einzelnen Knoten auf der Loggleine, die sogenannte „Knotenlänge" findet man leicht durch folgende Überlegung:

Angenommen, das Loggeglas liefe eine volle Stunde, dann müßte offenbar die Knotenlänge gleich einer Seemeile, also 1852 m (Meter), sein. Da dies Verfahren aber zeitraubend und das Einholen einer so langen Leine unbequem und schwierig sein würde, so wählt man eine erheblich kürzere Laufzeit für das Loggeglas; es leuchtet aber ein, daß dann die Knotenlängen in demselben Verhältnis verkürzt werden müssen, wenn die Anzahl der auslaufenden Knotenlängen gleich der stündlichen Fahrt in Seemeilen bleiben soll. Demnach müßten für ein Minutenglas die Knotenlängen $\frac{1852}{60}$ m = 30.867 m betragen, was einer Länge von 0.514 m pro Sekunde Laufzeit entspricht. Man erhält also die Knotenlängen für ein Fünfzehnsekundenglas, indem man 0.514 m mit 15 multipliziert. Für die Praxis empfiehlt es sich aber der Einfachheit halber, anstatt 0.514 m den abgerundeten Wert 0.5 m zu nehmen, da es unter allen Umständen bei der Annäherung an eine Küste gefahrloser ist, zuviel Fahrt zu loggen als zu wenig. Somit hätte man bei 14 sec (Sekunden) die Knotenlängen 7 m, bei 15 sec 7,5 m lang zu machen usw.[1]

Der Gebrauch der Handlogge ist an die Voraussetzung gebunden, daß die Fahrt des Schiffes während der Zeit, für welche das Resultat des Loggens als gültig angesehen wird, ziemlich konstant bleibt.

Von dieser Voraussetzung frei ist die besonders auf Dampfern viel gebrauchte „Patentlogge". Dieselbe besteht aus einer

---

[1] Näheres über die Knotenlängen siehe Anhang unter Nr. 2.

Schraube, welche dem in Fahrt befindlichen Schiffe an einer Leine nachschleppt. Durch den Druck des Wassers gegen die vorderen Flächen der Schraubenflügel wird die Schraube in Rotation versetzt; diese Rotation überträgt sich auf die Leine, an welcher die Schraube befestigt ist und diese Drehung wird dann am Heck des Schiffes durch ein Räderwerk auf ein Zifferblatt mit Zeigern übertragen, so daß man die während der Zeit seit der letzten Einstellung auf Null zurückgelegte Distanz in Seemeilen direkt ablesen kann.

Leider stehen der großen Bequemlichkeit beim Gebrauch der Patentlogge auch mehrere Fehlerquellen gegenüber. Erstens kann dieselbe leicht durch treibende Gegenstände ungenau oder gar unbrauchbar werden; zweitens sind ihre Angaben für extreme Geschwindigkeiten überhaupt unzuverlässig und drittens muß von Zeit zu Zeit für verschiedene Geschwindigkeiten durch Vergleichungen beim Durchlaufen bekannter Distanzen die Korrektion ermittelt werden, mit welcher bei den verschiedenen Geschwindigkeiten die Angaben der Patentlogge verbessert werden müssen.

Wie bereits bei der Beschreibung der Seekarten kurz erwähnt, bleibt in denjenigen Fällen, wo keine terrestrischen Gegenstände sichtbar sind und keine Seezeichen zur Verfügung stehen, also besonders im Nebel, dem Seemann als einziges Orientierungsmittel nur die Wassertiefe und die Beschaffenheit des Meeresbodens übrig. Beide werden bestimmt mit dem sogenannten „Lot".

In seiner einfachsten Gestalt besteht dasselbe aus einem schweren Bleikörper. Am Boden des Lotes ist eine Höhlung vorhanden, welche vor dem Gebrauche mit Talg angefüllt wird, um beim Aufstoßen auf den Meeresboden Proben desselben aufzunehmen, die dann nach dem Einholen des Lotes zur Bestimmung des Schiffsortes dienen können. Die Einteilung der Lotleine geschieht entweder in Metern oder in Faden.

Während des Lotens muß die Fahrt des Schiffes gestoppt werden. Da dies mit Unbequemlichkeit und Zeitverlust verknüpft ist, wendet man auf größeren Dampfern mehr und mehr die sogenannten Lotmaschinen an, welche ein Loten bei voller Fahrt gestatten.

Die Lotmaschinen besitzen folgende Einrichtung: Der 10 bis 12 kg schwere Lotkörper ist vermittelst einer kurzen Hanfleine an einem dünnen verzinkten Klaviersaitendraht befestigt, welcher beim Loten sich von einer mit einem Bremshebel versehenen Rolle abwickelt. An die Hanfleine wird eine Messingröhre gebunden und in diese wird eine an einem Ende geschlossene Glasröhre gesteckt. Diese Glasröhre wird im Innern mit einem roten Belag von chromsaurem Silber bestrichen, welches die Eigenschaft besitzt, sich in Seewasser gelb zu färben. Je tiefer nun das Lot und damit auch die Glasröhre eintaucht, desto größer wird der Druck, welcher das Seewasser in die Röhre preßt und zwar reduziert sich bei einer Verdoppelung des Druckes nach dem Mariotteschen Gesetze das Volumen der eingeschlossenen Luft, folglich auch die Länge des rot gebliebenen Rohrstückes auf die Hälfte, bei dem dreifachen Druck auf ein Drittel usw. Da es hierbei vollkommen gleichgültig ist, ob der Lotdraht senkrecht steht oder nicht, so kann die Lotmaschine bei voller Fahrt gebraucht werden und hierin liegt ein sehr großer Vorzug derselben.

IV.
Die Methoden der Küstenschiffahrt.

Nachdem der Lotse das Schiff verlassen hat, tritt zunächst an den Schiffsführer die Aufgabe heran, den zu steuernden Kurs zu bestimmen. Wir wollen annehmen, daß das Schiff sich beim äußersten Elbe-Feuerschiff befinden möge und wollen ferner für die Navigierung ein eisernes Segelschiff zugrunde legen, welches von Hamburg kommend mit günstigem nordöstlichen Winde seine Reise nach Australien antritt. Im Navigationszimmer liegt auf einem Tische ausgebreitet die Karte „Deutsche Bucht der Nordsee", welche sich von Cuxhaven bis zur Insel Texel erstreckt. Die einzuschlagende Route ist so zu wählen, daß sie von den der Küste vorgelagerten Inseln weit genug freibleibt, zugleich aber doch andererseits nahe genug, um die auf den Inseln sich befindlichen Leuchttürme und die nördlich von denselben liegenden Feuerschiffe als Orientierungsobjekte benutzen zu können.

Den ersten für die Route in Betracht kommenden „Ansegelungspunkt" bildet das Feuerschiff von Borkum (siehe umstehende Fig. 15), und es handelt sich nun darum, denjenigen Kurs zu ermitteln, welcher vom äußersten Elbe-Feuerschiff (Elbe I) dahin führt. Zur Erleichterung dieser Aufgabe sind in die Karte in bestimmten Zwischenräumen Kompaßrosen eingezeichnet. Jede derselben besteht aus zwei konzentrischen Kreisen, von denen der innere, kleinere nach den geographischen Himmelsrichtungen, der äußere nach den

— 32 —

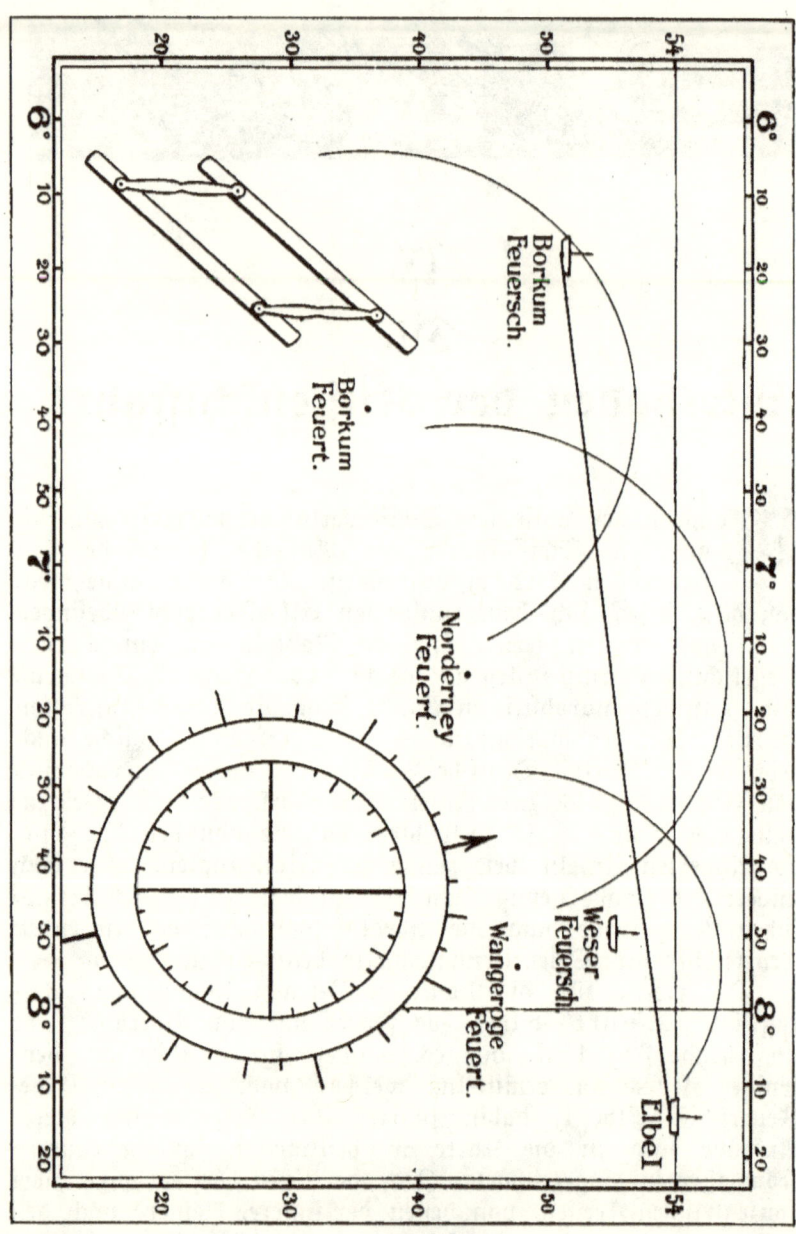

magnetischen, oder, wie der Seemann sagt, nach den mißweisenden Himmelsrichtungen orientiert zu sein pflegt. Die innere, sogenannte „rechtweisende" oder „wahre" Rose ist in Grade eingeteilt, oder vielmehr in Doppelgrade, da die Entfernung zweier Punkte zwei Grad beträgt. Die äußere „mißweisende" Rose dagegen ist gegen die innere um den Betrag der Ortsmißweisung gedreht, in Fig. 15 um etwa 13°, und zwar von Norden nach Westen herum; sie gibt also diejenige Lage an, welche die Kompaßrose annehmen würde, wenn keine Eisenteile des Schiffes auf ihre Magnetnadeln einwirkten; sie ist in Strichmaß eingeteilt und zwar auf Viertelstriche genau. Man kann also der Doppelrose je nach Belieben mißweisende oder rechtweisende Kurse entnehmen.

Für den ersteren Fall würde sich die Lösung der vorliegenden Aufgabe, der Kursbestimmung von Elbe I nach Borkum-Feuerschiff folgendermaßen gestalten:

Man verbindet beide Orte durch eine gerade Linie, verschiebt diese Richtung mit sich selbst parallel mit Hilfe des in Fig. 15 gekennzeichneten „Parallellineals"[1] auf die eingezeichnete Rose zu und zieht dann durch den Mittelpunkt derselben eine Parallele zur Ausgangslinie. Der Schnittpunkt derselben mit der mißweisenden Rose gibt dann den mißweisenden Kurs an, welchen das Schiff einschlagen muß, um sich auf der eingetragenen Linie entlang zu bewegen. Im vorliegenden Falle ist nach Fig. 15 der mißweisende Kurs W¼N. Wenn an Bord keine störenden Eisenmassen vorhanden wären, also z. B. auf einem hölzernen Schiffe, würde dieser Kurs zugleich der „zu steuernde Kompaßkurs" sein, den das Schiff einzuschlagen hätte, um auf direktem Kurse das Feuerschiff von Borkum zu erreichen. Auf einem eisernen Schiffe indessen, wie wir es für unsere Küstenreise zugrunde gelegt hatten, ist die gemachte Voraussetzung nicht erfüllt,

---

[1] Die Einrichtung des Parallellineals besteht darin, daß zwei Lineale durch zwei um ihre Endpunkte drehbare Verbindungsstücke stets parallel zu einander gehalten werden. Man kann somit durch abwechselndes Vorwärtsschieben des einen und Nachziehen des anderen Lineals einen bestimmten Kurs von einer Stelle der Karte nach beiden Seiten hin parallel mit sich verschieben.

vielmehr wird durch die Eisenteile des Schiffes die Kompaß‑
nadel und damit die ganze Rose aus ihrer mißweisenden Lage
heraus abgelenkt. Dieser Ablenkungswinkel heißt Deviation
des Kompasses. Sie stellt also den Winkel dar zwischen der
abgelenkten Kompaßnadel und dem magnetischen Meridian.
Zu ihrer Bestimmung dienen verschiedene Methoden. Ein
sehr einfaches Verfahren beruht darauf, daß man von einem
genau bekannten, etwa durch eine Boje gekennzeichneten Schiffs‑
orte mit dem Kompaß die Richtung nach einem genügend weit
entfernten Gegenstande, etwa einem Kirchturme, bestimmt, oder
wie der Seemann sagt, den Kirchturm „peilt", hierauf mit
Hilfe des Doppellineals in der Karte nach einer benachbarten
Rose die mißweisende Richtung ermittelt und dann die
Peilung nach dem Kompaß mit dieser mißweisenden Richtung
vergleicht. Wenn z. B. ein Turm NzO gepeilt wird, die
mißweisende Richtung dagegen N^1/$_2$O ist, so ist die Deviation
des Kompasses ^{1}/$_2$ Strich West, weil das Nordende der
Kompaßrose ^{1}/$_2$ Strich westlich vom mißweisenden Nord liegt.
Es ist aber wohl zu beachten, daß die Deviation sich mit
dem Kurse des Schiffes ändert, und der Grund hierfür liegt
darin, daß der von der magnetischen Erde in den Eisenteilen des
Schiffes erzeugte Magnetismus und sein Einfluß auf den Kompaß
sich mit der Lage dieser Eisenteile, mithin mit dem Kurse, ändert.[1]

Kehren wir jetzt wieder zu unserer Aufgabe zurück, so
hatten wir gefunden, daß der mißweisende Kurs von Elbe I
bis zum Feuerschiff von Borkum W^1/$_4$N war. Um diesen
mißweisenden Kurs in den zu steuernden Kompaßkurs zu ver‑
wandeln, muß man die Deviation anbringen. Wenn dieselbe
z. B. ^{1}/$_2$ Strich West beträgt, so denkt man sich den Kompaß
konzentrisch so auf die mißweisende Rose gelegt, daß das
Nordende des Kompasses ^{1}/$_2$ Strich westlich vom mißweisenden
Norden liegt. Dann leuchtet ein, daß die Richtung mißweisend
Nord identisch ist mit Kompaß N^1/$_2$O, mißweisend NO mit
Kompaß NO^1/$_2$O usw. Man gelangt so zu der Regel:

Um einen gegebenen mißweisenden Kurs in
Kompaßkurs zu verwandeln, bringt man west‑
liche Deviation „mit den Uhrzeigern" (nach rechts
herum) an den mißweisenden Kurs an.

---

[1] Näheres hierüber siehe Anhang unter Nr. 3.

Im vorliegenden Falle geht man also von W¼N ½ Strich „mit den Uhrzeigern" weiter, so gelangt man zu dem zu steuernden Kompaßkurs W¾N.

In ähnlicher Weise kann man sich für östliche Deviation die Regel klarmachen:

Um einen gegebenen mißweisenden Kurs in Kompaßkurs zu verwandeln, bringt man östliche Deviation „gegen die Uhrzeiger" (nach links herum) an den mißweisenden Kurs an.

Man dreht also, wenn das äußerste Elbe-Feuerschiff passiert ist, das Schiff so weit, bis der Kurs nach dem Kompaß W¾N ist, oder, wie der Seemann sagt, bis es W¾N „anliegt". Ein Abgreifen der zu segelnden Distanz mit dem Zirkel und eine Abmessung dieser Spannweite auf dem rechten oder linken Kartenrande ergibt dann als Distanz den Wert 72 sml.

Man kann aber zweitens die Bestimmung des zu steuernden Kurses auch mit Hilfe der rechtweisenden eingezeichneten Kompaßrose vornehmen.

Nachdem mit Hilfe des Parallellineals nach dem angegebenen Verfahren die Richtung der Kurslinie bis zur Rose verschoben ist, entnimmt man der inneren, rechtweisenden Teilung in derselben Weise wie bei der mißweisenden den rechtweisenden Kurs. Dieser muß dann in den zu steuernden Kompaßkurs verwandelt werden und zwar durch Anbringung einer Korrektion, welche die Abweichung der Kompaßrose von der rechtweisenden Rose darstellt. Diese Abweichung setzt sich zusammen aus Ortsmißweisung und Deviation und heißt daher „Gesamtmißweisung" des Kompasses. In der vorliegenden Aufgabe hat sie den Wert 19° W (Ortsmißweisung 13° W, Deviation 6° W). Der der rechtweisenden Kartenrose entnommene Kurs ist S 80° W. Für die Verwandlung des rechtweisenden Kurses in Kompaßkurs gelten die analogen Regeln, wie bei der Verwandlung des mißweisenden Kurses in Kompaßkurs, nämlich:

Um einen rechtweisenden Kurs in Kompaßkurs zu verwandeln, bringt man westliche Gesamtmißweisung mit den Uhrzeigern, östliche Gesamtmißweisung gegen die Uhrzeiger an den rechtweisenden Kurs an.

Somit erhält man als zu steuernden Kompaßkurs N 81° W, in einer bei der angewandten Abrundung auf volle Grade genügenden Übereinstimmung mit dem nach der mißweisenden Rose gefundenen Resultat W³/₄N. Die Gesamtdistanz wird, ebenso wie früher, zu 72 sml gefunden.

Wenn es nun möglich wäre, diesen Kurs genau zu steuern, wenn es ferner möglich wäre, absolut richtig zu loggen, und wenn drittens keine Strömungen vorhanden wären, so würde man also, nachdem nach Kompaß und Logge W³/₄N resp. N 81° W 72 sml zurückgelegt worden sind, genau beim Feuerschiff von Borkum angekommen sein. Diese Voraussetzungen sind nun aber keineswegs erfüllt.

Zunächst bewegt sich das Schiff nicht auf einer mathematischen geraden Linie, sondern es „giert" infolge von unvermeidlichen Fehlern und Einwirkungen des Seeganges bald nach dieser, bald nach jener Seite hin, und dazu kommt, daß man die an den mißweisenden Kurs anzubringende Deviation nicht immer mit ihrem genauen Werte kennt. Ebenso kann man sich nicht vollständig auf die Resultate des Loggens verlassen, wie bereits früher auseinandergesetzt, und endlich hat man stets mit unbekannten Strömungen zu rechnen; denn wenn auch für den hier in Betracht kommenden Meeresteil die Richtung und Geschwindigkeit des Ebbe- und Flutstromes angenähert bekannt sind, so stellen die hierfür gefundenen Werte doch nur Mittelwerte dar, die je nach den Windverhältnissen erheblichen Änderungen unterworfen sind.

Die Folge aller dieser Fehlerquellen ist die, daß das Schiff sich in Wirklichkeit nicht dort befindet, wo es sich nach Kompaß und Logge, nach der sogenannten „Besteckrechnung" befinden würde, sondern daß eine Versetzung, eine „Besteckversetzung", stattfindet, und es erwächst hieraus der Schiffsführung die strenge Pflicht, den Besteckort des Schiffes zu kontrollieren, wo sich ihr die Gelegenheit hierzu bietet. Diese Kontrolle der Besteckrechnung kann je nach den angewandten Methoden eine doppelte sein, entweder durch astronomische Beobachtungen oder durch terrestrische Messungen an den vom Schiffe aus sichtbaren Landobjekten und Seezeichen.

Für die unseren Betrachtungen zugrunde liegende Küstenreise kommen in erster Linie die terrestrischen Methoden zur Anwendung und es handelt sich dann darum, den Schiffsort durch diese terrestrischen Beobachtungen und die dazu gehörenden Konstruktionen in der Seekarte festzulegen.

In der Praxis an Bord erfreuen sich von den vielen hierher gehörenden Methoden besonders drei einer großen Beliebtheit und werden daher häufig angewandt.

1. Die Vierstrichpeilung. Dieselbe besteht darin, daß man beim Passieren eines Objektes, etwa eines Feuerschiffes, genau aufpaßt, wann dasselbe 4 Strich oder 45° von vorne erscheint und in diesem Augenblicke den Stand der Patentlogge abliest. Beim Weitersegeln wird dann das Feuerschiff immer mehr seitwärts kommen, bis es schließlich „dwars" gepeilt wird, d. h. so zum Schiffe liegt, daß die Kurslinie des Schiffes mit der Peilung einen rechten Winkel bildet. Wenn in diesem Augenblicke wiederum die Patentlogge abgelesen wird, so ist die in der Zwischenzeit versegelte Distanz gleich dem Abstande bei der Dwarspeilung. Zur Anwendung dieses Problems auf unsere Reise wollen wir annehmen, daß die Patentlogge beim Elbe-Feuerschiff I auf Null eingestellt worden sei. Bei der Stellung auf

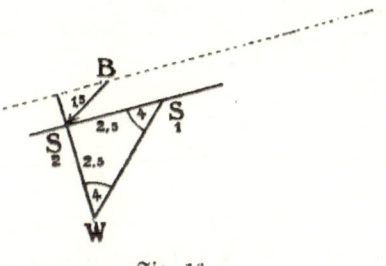

Fig. 16.

12.2 sml sei das Weser-Feuerschiff 4 Strich an Backbord gepeilt und bei der Stellung der Patentlogge auf 14.7 sml dwars.

Bezeichnet man in Fig. 16 mit der punktierten Linie die Verbindungslinie vom Elbe-Feuerschiff nach Borkum-Feuerschiff, also diejenige Linie, auf welcher das Schiff nach Kompaß und Logge scheinbar segelt und bedeutet ferner S_1 denjenigen Schiffsort, in welchem die erste Peilung genommen wird und ebenso S_2 denjenigen Ort, in welchem das Weser-Feuerschiff dwars gepeilt ist, so ist $\triangle S_1 S_2 W$ ein rechtwinkeliges gleichschenkeliges Dreieck, weil die Winkel bei S_1 und W je 4 Strich betragen. Es ist also $S_1 S_2 = S_2 W$, und da $S_1 S_2$ gleich 2.5 sml ist, so ist auch der Abstand beim Passieren des Feuerschiffes gleich 2.5 sml. Der wirkliche Schiffsort bei der Dwarspeilung ist also S_2, und man findet denselben einfach, indem man von dem gepeilten Objekte aus ein Lot auf die eingezeichnete Kurslinie fällt und auf diesem Lot von W

aus die zwischen den beiden Peilungen zurückgelegte Distanz abträgt.

Man erkennt aus der Figur sofort, daß eine Besteckversetzung stattgefunden haben muß. Um dieselbe nach Kurs und Distanz zu bestimmen, muß man denjenigen Punkt in die Karte einzeichnen, in welchem das Schiff zur Zeit der Dwarspeilung unter alleiniger Zugrundelegung von Kompaß und Logge gestanden haben würde. Zu diesem Zwecke braucht man einfach vom Ausgangspunkt, also vom Elbe-Feuerschiff aus 14.7 sml auf der Kurslinie abzusetzen, so erhält man den Punkt B. Dann bezeichnet die Strecke BS_2 nach Richtung und Größe Kurs und Distanz der Besteckversetzung. Nach Konstruktion in der Seekarte ergibt sich dieselbe zu SW 1.5 sml.

Es versteht sich von selbst, daß die weiteren Kurse und Distanzen nicht von dem vermeintlichen Schiffsort B, sondern von dem wirklichen Schiffsorte S_2 abgesetzt werden müssen.

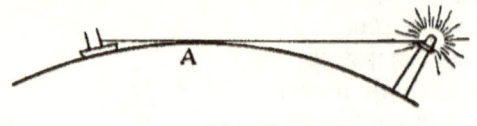

Fig. 17.

2. **Die Peilung eines Feuers in der Kimm.** Unter „Kimm" versteht der Seemann den als Begrenzungslinie zwischen Meer und Himmel sichtbaren Seehorizont. Da die Erde eine Kugel ist, so erscheint bei der Annäherung an ein „Feuer", wie Fig. 17 veranschaulicht, dasselbe zunächst in der Kimm. In welcher Entfernung man ein Feuer in der Kimm erblickt, hängt sowohl von der Höhe des Auges über dem Meeresspiegel, der sogenannten „Augeshöhe", als auch von der Höhe des Feuers ab. Da man die Dimensionen der Erde kennt, läßt sich für jede Augeshöhe und jede Feuerhöhe die Entfernung berechnen.[1] Für den praktischen Gebrauch bequem sind diese berechneten Werte in Tafel 2 zusammengestellt. Zur Erleichterung der Konstruktion in der Karte ist außerdem die Sichtweite der Feuer durch „Feuerkreise" für eine mittlere Augeshöhe von 5 Metern gekennzeichnet. Zur Bestimmung des Schiffsortes wird nun das Feuer beim Auf-

---

[1] Näheres hierüber siehe unter Nr. 4 des Anhangs.

tauchen oder auch beim Verschwinden in der Kimm gepeilt. Beträgt die Peilung z. B. NO, so befindet sich das Schiff auf einer geraden Linie, welche man durch das gepeilte Feuer in der entgegengesetzten Richtung, also nach SW, zieht. Die Konstruktion geschieht auch hier mit dem Parallellineal, indem man von den eingezeichneten Rosen aus die eingestellte Richtung bis zum gepeilten Feuer verschiebt. Indessen ist auch hier wieder die Deviation des Kompasses zu berücksichtigen, wie wir es bereits bei der Ermittlung des zu steuernden Kompaßkurses kennen gelernt haben. Denn die Peilung ist mit dem mit Deviation behafteten Kompaß gemacht, während die eingezeichneten Rosen mißweisend oder rechtweisend orientiert sind. Um daher die durch Beobachtung gefundene Kompaßpeilung absetzen zu können, muß sie zunächst in die miß- oder rechtweisende Peilung verwandelt werden. Das erstere geschieht durch Anbringung der Deviation, das letztere durch Anbringung der Gesamtmißweisung. Es ist hierbei aber zu beachten, daß es sich hier um den entgegengesetzten Verwandlungsprozeß handelt wie früher bei der Bestimmung der Kurslinie, wo die mißweisenden resp. rechtweisenden Kurse in Kompaßkurse verwandelt werden mußten. Aus diesem Grunde ist auch der Sinn, in welchem die Korrektionen angebracht werden müssen, der entgegengesetzte und man hat hier die beiden Regeln:

Um Kompaßkurs in mißweisenden Kurs zu verwandeln, bringt man westliche Deviation gegen die Uhrzeiger, östliche Deviation mit den Uhrzeigern an den Kompaßkurs an,
und

Um Kompaßkurs in rechtweisenden Kurs zu verwandeln, bringt man westliche Gesamtmißweisung gegen die Uhrzeiger, östliche Gesamtmißweisung mit den Uhrzeigern an den Kompaßkurs an.

Erst nachdem man nach diesen Regeln die Peilung des Feuers in der Kimm von den Fehlern des Kompasses befreit hat, kann man die Gerade, auf welcher das Schiff steht, die sogenannte „Standlinie" desselben, von dem gepeilten Objekte aus eintragen.

Um nun den Abstand des Schiffes vom Feuer zu finden, geht man mit der Augeshöhe und der Höhe des Feuers in Tafel 2 ein und trägt dann auf der entgegengesetzt eingetragenen Peilungslinie den entnommenen Abstand ab, so erhält man den Schiffsort.

Die Gelegenheit zur Anwendung dieser Methode bietet sich auf unserer Reise wenige Seemeilen nachdem das Weserfeuerschiff in 2.5 sml Abstand passiert ist, beim Insichtkommen des Feuers von Norderney. Wir wollen annehmen, daß dasselbe beim Auftauchen in der Kimm in SWzW$^1/_2$W gepeilt ist bei einer Deviation von $^1/_2$ Strich West. Dann ist die mißweisende Peilung SWzW. Man setzt daher an der äußeren Kartenrose NOzO ab und verschiebt diese Richtung mit dem Doppellineal bis zum Feuer von Norderney. Die dann durch das Feuer nach NOzO gezogene Gerade ist die Standlinie des Schiffes.

Hierauf entnimmt man der Karte die unterhalb des Namens des Feuers angegebene Höhe desselben zu 59.6 Metern, geht mit dieser und mit der hier zu 3 Metern angenommenen Augeshöhe in Tafel 2 ein und findet als Abstand 21 sml. Diesen mißt man am rechten oder linken Kartenrande ab und trägt ihn vom Feuer aus auf der Standlinie ab. Von dem so gefundenen wirklichen Schiffsort, welcher wiederum etwas vom Besteckorte abweichen wird, ist dann der fernere Weg des Schiffes einzutragen.

Wollte man auch hier die stattgehabte Besteckversetzung ermitteln, so müßte man wieder den Besteckort mit dem wirklichen Schiffsort verbinden. Das Besteck ist dann stets vom Besteckort nach dem wirklichen Schiffsorte hin versetzt.

3. Die Kreuzpeilung. Dieselbe hat zu ihrer Voraussetzung zwei gleichzeitig sichtbare Objekte. Wenn man dann dieselben peilt, so ergibt nach den soeben gegebenen Erklärungen jede Peilung eine Standlinie. Da das Schiff auf beiden sich befinden soll, so steht es im Schnittpunkte desselben. Die Resultate der Kreuzpeilungen sind am zuverlässigsten, wenn der Winkel zwischen den beiden Peilungslinien möglichst nahe bei 90° liegt; doch kann man hierbei, da die beiden Objekte diese Bedingung nicht immer erfüllen, auch unbedenklich auf 60° nach der einen und 120° nach der anderen Seite, unter Umständen noch weiter, sich entfernen; nur sehr spitze und sehr stumpfe Zwischenwinkel sind zu vermeiden, weil sonst die unvermeidlichen Fehler des Peilens einen zu großen Einfluß auf den resultierenden Schiffsort ausüben.

Wie aus Fig. 15 ersichtlich, läßt sich auf unserer Reise eine Kreuzpeilung anwenden von den Feuern von Norderney und Borkum, da beide Feuer eine längere Zeitlang zugleich sichtbar sind. Angenommen, man habe Norderney-Feuer bei ½ Strich westlicher Deviation in SO½S und Borkum-Feuer in SW¾S gepeilt. Die mißweisenden Peilungen sind SO und SSW¾W. Man setzt daher von Norderney-Feuer mißweisend NW und von Borkum-Feuer mißweisend NNO¾O ab, so ist der Schnittpunkt S der so konstruierten Standlinien der wirkliche Schiffsort, welcher der ferneren Reise als Ausgangspunkt zugrunde zu legen ist. Wenn unter bestimmten Umständen, vielleicht in starken Strömungen oder auch, wenn der Besteckort lange Zeit hindurch nicht durch terrestrische Beobachtungen hat verbessert werden können, eine Besteckversetzung sehr groß gewesen ist, kann es notwendig werden, eine Kursänderung vorzunehmen. Man verbindet dann den zuletzt gefundenen Schiffsort mit dem Ziel der Reise oder mit einem anzusteuernden Zwischenziel und verfährt dann zur Kursbestimmung so, wie wir es bereits nach Passieren des Elbe-Feuerschiffes kennen gelernt haben.

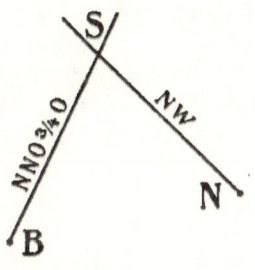

Fig. 18.

So sehen wir, daß dem vorsichtigen Navigateur bei günstigem Winde und klarer Luft Mittel genug zur Verfügung stehen, um selbst in engeren Gewässern seinen Kurs von Untiefen freizuhalten. Wie aber, wenn die ihm bis jetzt als Führer dienenden Orientierungsmarken seinen Blicken entzogen sind? Der Wind ist, noch ehe Borkum-Feuerschiff erreicht ist, nach SW umgesprungen und hat ihn somit der Möglichkeit beraubt, seinen geraden Kurs fortzusetzen; er muß kreuzen. Aber noch unangenehmer ist es, daß mit dem Umspringen des Windes Nebel eingesetzt hat, der bald so dicht geworden ist, daß man keine Schiffslänge weit voraus sehen kann. Die Gefahr, welche dem Seemanne im Nebel droht, ist eine doppelte; einmal ist er einer Kollision in einem viel höheren Grade ausgesetzt und zweitens ist ihm das Erkennen der mit einer zu großen Annäherung an die Küste verbundenen Gefahr wesentlich erschwert. Um dieser Möglichkeit auszuweichen, beschließt der Kapitän, „vom Lande abzuhalten", um so zugleich aus der vielbefahrenen Dampferroute herauszukommen. Er legt sein Schiff auf einen nördlichen Kurs und steuert, nachdem er zuvor seine Fahrt durch Festmachen der kleineren Segel gemäßigt hat, mit Backbordhalsen beim Winde. Da der Wind SW (mißweisend), so würde unter der Voraussetzung, daß das Schiff 6 Strich am Winde liegt, der vom Schiffe beschriebene Kurs mißweisend WNW sein, aber der das Schiff seitlich von Backbord treffende Wind drängt es etwas nach Steuerbord und die Folge hiervon ist, daß dasselbe nach Lee „abtreibt". Der Winkel, um welchen hierdurch das Schiff aus der Richtung seines Kieles in seinem Wege abgelenkt wird, wird „Abtrift" genannt. Da der Weg durch das Wasser sich noch längere Zeit hinter dem Schiffe durch das sich bildende „Kielwasser" mit seinen kleinen Wirbelbildungen kenntlich erhält, so kann man die Größe der Abtrift dadurch schätzungsweise ermitteln, daß man sich die Kielrichtung nach hinten hinaus verlängert denkt. Der Winkel zwischen dieser Kielrichtung und dem Kielwasser ist dann die Abtrift des Schiffes.

Wenn es sich um die Bestimmung des Weges handelt, welchen das Schiff durch das Wasser zurückgelegt hat, muß die Abtrift berücksichtigt werden. Es ist leicht, sich klar zu machen, daß **bei Backbordhalsen die Abtrift mit den Uhrzeigern angebracht werden muß, bei Steuerbordhalsen dagegen gegen die Uhrzeiger.**

Wenn in unserem Beispiele die Abtrift $1/2$ Strich beträgt, so ist der vom Schiff durch das Wasser zurückgelegte Kurs also NWzW$1/2$W.

Es muß hier bemerkt werden, daß, wenn beim Winde gesegelt wird, nicht nach dem Kompaß gesteuert wird, sondern der „Rudersmann" hat stets darauf zu achten, daß die Segel nur „eben voll stehen". Es leuchtet also ein, daß, wenn der Wind nicht aus einer konstanten Richtung weht, sondern „hin und her spielt" oder langsam herumgeht, man für die Eintragung in die Karte einen Mittelwert abschätzen muß.

Nachdem das Schiff auf Backbordhalsen 100 sml gesegelt, beschließt der Kapitän über Stag zu gehen. Er dreht das Ruder nach Backbord und läßt das Schiff durch Westen herum soweit drehen, daß es nunmehr mit Steuerbordhalsen beim

Winde segelt. Unter der Annahme, daß der Wind immer noch mißweisend SW ist und die Abtrift auch hier ½ Strich beträgt, ist dann der vom Schiff zurückgelegte Kurs durch das Wasser SSO½O.

Um den durch Nebel drohenden Kollisionsgefahren nach Möglichkeit vorzubeugen, ist nicht nur allen Schiffen vorgeschrieben, daß sie mit mäßiger Geschwindigkeit fahren müssen, sondern es werden ihnen, um andere Schiffe von ihrer Nähe in Kenntnis zu setzen, bestimmte akustische Signale auferlegt. So muß ein Dampfschiff, welches Fahrt durch das Wasser macht, mindestens alle zwei Minuten einen langgezogenen Ton mit der Dampfpfeife oder Sirene machen und ein Segelschiff muß sich vermittelst des Nebelhorns kenntlich machen. Um hierbei dem anderen Schiffe über die Situation einen Anhaltspunkt zu bieten, hat es, wenn es mit Steuerbordhalsen segelt, **einen** Ton zu geben, wenn es mit Backbordhalsen segelt, zwei aufeinanderfolgende Töne, und wenn es mit dem Winde achterlicher als dwars segelt, drei aufeinanderfolgende Töne.

Gegen gefahrdrohende Annäherung an eine Küste ist der fleißige Gebrauch des Lotes das beste Hilfsmittel, und wenn die von Zeit zu Zeit vorgenommenen Lotungen eine bedenkliche Abnahme der Wassertiefe anzeigen, muß der Kurs mehr von Land ab gesetzt werden.

In dem von uns bisher durchgeführten Beispiel liegt erst recht keine Veranlassung auf dem südlichen Kurse mit Steuerbordhalsen zu weit zu segeln, und der Kapitän wird lieber, um sich der Gefahr der Strandung nicht auszusetzen, etwas eher wieder über Stag gehen, um mit nördlichem Kurse sich von der Küste zu entfernen. Das sind anstrengende, aufreibende Tage für den Kapitän; an Schlaf ist nicht viel zu denken und mit Spannung wird ein Umschlag des Wetters herbeigesehnt. Aber auch, wenn der Nebel sich gelichtet hat und es wieder klar geworden ist, ist in der Regel das Besteck durch das längere Fehlen jeglicher Kontrollmethode so unsicher, daß es zunächst einer genaueren Positionsbestimmung bedarf nach einer der auseinandergesetzten Methoden.

V.
Die Besteckrechnung.

In dem letzten Abschnitt haben wir den Weg des Schiffes nach den Methoden der Küstenschiffahrt an der Hand der Seekarte verfolgt und diejenigen Hilfsmittel kennen gelernt, welche dem Seemann in der Nähe von Land zur Orientierung über seinen Schiffsort zur Verfügung stehen.

Voraussetzung für die Anwendbarkeit der in der Küstenschiffahrt zur Anwendung kommenden Methoden ist die Benutzung von Seekarten von genügend großem Maßstabe, da sonst die durch die Ungenauigkeit der Konstruktionen in der Karte bedingten Fehler zu groß ausfallen würden.

Wenn aber beim Verlassen des Gebietes der Küstenschiffahrt der Maßstab für die Konstruktion zu klein geworden ist, so tritt die Rechnung an die Stelle der Konstruktion und es handelt sich dann um die Aufgabe, aus dem nach Kompaß und Logge zurückgelegten Weg den Besteckort durch Rechnung zu finden. Die Lösung dieser Aufgabe bildet den Inhalt der sogenannten „Besteckrechnung".

Bevor wir an diese Aufgabe in ihrer allgemeinen Form herantreten, wollen wir zunächst zwei vereinfachte Spezialfälle ins Auge fassen, auf welche das allgemeine Problem zurückgeführt wird.

In allen Fällen, wo es sich um Berechnung von Breite und Länge handelt, müssen die rechtweisenden Kurse des Schiffes bekannt sein, da nur die rechtweisenden Himmelsrichtungen sich in Übereinstimmung befinden mit den für die Berechnung der Breite und Länge in Betracht kommenden geographischen Hauptrichtungen Nord-Süd (Meridian) und Ost-West (Breitenparallel).

Dem ersten Spezialfall liegt nun der rechtweisende Kurs Nord oder Süd zugrunde, also ein Kurs, bei welchem das Schiff sich auf einem Meridian bewegt. Daß in diesem Falle eine Veränderung der Länge überhaupt nicht stattfindet, ist ohne weiteres einleuchtend. Für die Veränderung der Breite kommt in Betracht, daß eine Seemeile gleich einer Minute auf dem Meridian ist. Die Anzahl der auf den rechtweisenden Kursen Nord oder Süd gesegelten Seemeilen ist also gleich der Anzahl der versegelten Breitenminuten.

Wenn z. B. ein Schiff von 36° 18′ N und 29° 54′ W den rechtweisenden Kurs Süd 293 sml segelt, so hat es seine Breite um 4° 53′ nach Süden verändert, oder, wie der Seemann sagt, der „Breitenunterschied" ist 4° 53′ Süd. Es ist hierbei wohl zu beachten, daß der Breitenunterschied stets den Namen Nord oder Süd hat, je nachdem er nach Nord oder nach Süd gerechnet wird. Im vorliegenden Falle ist also die erreichte Breite 31° 25′ N. Die Länge bleibt 29° 54′ W. Wäre der rechtweisende Kurs nicht Süd, sondern Nord gewesen, so wäre die erreichte Breite 41° 11′ N geworden. Beim Überschreiten des Äquators ändert die Breite ihren Namen: So führt von 2° 19′ S der rechtweisende Kurs Nord 206 sml nach 1° 7′ N, da der Breitenunterschied 3° 26′ N beträgt.

Der zweite Spezialfall wird gebildet durch die Aufgabe, wo ein Schiff den rechtweisenden Kurs Ost oder West segelt. In diesem Falle findet keine Veränderung der Breite statt, sondern die ganze Versegelung kommt der Längenänderung zugute. Indessen geschieht die Verwandlung der in Seemeilen angegebenen versegelten Distanz in Minuten-Längenunterschied nicht so einfach wie beim Meridiansegeln, weil die Beziehung, daß 1 sml = 1 Minute ist, nur für größte Kreise gilt, mithin bei den Kursen Ost oder West nur auf dem Äquator selbst Anwendung finden kann. Hier würde also die Anzahl der Seemeilen-Distanz gleich der Anzahl der Minuten-Längenunterschiede sein, also z. B. 206 sml = 3° 26′, die dann direkt an die verlassene Länge mit dem entsprechenden Namen Ost oder West angebracht werden müssen, um die erreichte Länge zu erhalten.

Für jede andere Breite aber erfolgt die Versegelung mit dem rechtweisenden Kurse Ost oder West auf einem **Breitenparallel** und da die Breitenparallele keine größten Kreise sind, sondern mit wachsender Breite immer kleiner werden, so ist auf ihnen 1 sml nicht gleich 1 Minute, und zwar entspricht 1 sml einem Bogenstück, welches mehr als 1 Minute faßt, da die Minuten auf der Breitenparallele kleiner sind als auf dem Äquator und zwar um so kleiner, je größer die Breite ist. Nun erfolgt die Abnahme der Breitenparallele nach den Polen zu nach einem bestimmten mathematischen Gesetz[1] und es läßt sich daher auf Grund dieses Gesetzes eine Tafel berechnen, aus welcher für jede Breite die einer bestimmten, in Seemeilen angegebenen Distanz auf dem Breitenparallel, der sogenannten „Abweichung", entsprechende Anzahl von Minuten-Längenunterschied entnommen werden kann. In Tafel 3 sind diese Werte für die Abweichungen 1 sml bis 9 sml bis zu 60° Breite bei bestimmten Breiteninterwallen zusammengestellt. Um mit Hilfe derselben z. B. 36 sml Abweichung auf dem Breitenparallel von 53° 33′ N in Minuten Längenunterschied zu verwandeln, findet man zunächst für 3 sml Abweichung und 53° 30′ Breite den Längenunterschied 5.0 Minuten, mithin für 30 sml den Wert 50 Minuten, ebenso für 6 sml den Längenunterschied 10.1 Minuten, oder, den Bedürfnissen der Praxis entsprechend, auf volle Minuten abgerundet, 10 Minuten, mithin für 53° 33′ die Summe 50 + 10 = 60 Minuten = 1° 0′. Diesen Längenunterschied hat man dann an die verlassene Länge anzubringen.

Um von dieser Aufgabe die Anwendung auf ein bestimmtes Beispiel zu geben, wollen wir annehmen, daß ein Schiff von 46° 18′ N und 48° 35′ W rechtweisend Ost 259 sml segelt. Da eine Veränderung der Breite nicht stattgefunden hat, so bleibt die erreichte Breite 46° 18′ N. Nach Tafel 3 ergibt sich hierfür

200 sml Abweich. = 290 Min. Längenunterschied
 50 „   „   = 72 „   „
  9 „   „   = 13 „   „

259 sml Abweich. = 375 Min. Längenunterschied = 6° 15′ O
folglich ist die erreichte Länge 42° 20′ W.

---

[1] Näheres hierüber siehe Anhang unter Nr. 5.

Eine besondere Vorsicht ist bei dem Übergang des 180sten Längengrades erforderlich. Da die Länge vom Null-Meridian, dem Meridian von Greenwich, aus nach Ost und West herum bis 180° gezählt wird, so ist der Meridian von 180° O identisch mit dem Meridian von 180° W. Dieser Meridian trennt die östliche und die westliche Erdhälfte von einander und daher ändert die Länge beim Passieren dieses Meridians ihren Namen. Wenn z. B. ein Schiff von 178° 45' W den Längenunterschied 3° 26' W „versegelt", so ist die erreichte Länge 182° 11' W = 177° 49' O.

Nach diesen Erklärungen der beiden Spezialfälle der Besteckrechnung wollen wir zu unserem Segelschiffe, welches wir nach den Methoden der Küstenschiffahrt durch die Nordsee geführt hatten, zurückkehren. Wir wollen annehmen, daß die Reise in Sicht von Land gegen südwestliche Winde durch die holländische Bucht der Nordsee, die sogenannten „Hoofden", und durch den größeren Teil des englischen Kanals glücklich verlaufen ist. Der Leuchtturm von Eddystone ist um 8 Uhr morgens in NW gepeilt und der Abstand hierbei zu 2 sml geschätzt. Da die Deviation des Kompasses auf dem gesteuerten Kurse zu 4° O bestimmt ist und die Ortsmißweisung zu 18° W der Karte entnommen ist, mithin die Gesamtmißweisung des Kompasses 14° W beträgt, so ist die Peilung rechtweisend N 59° W (westliche Gesamtmißweisung gegen die Uhrzeiger anbringen). Der Kapitän beschließt mit Rücksicht auf den nordwestlichen Wind, das Gebiet und die Methoden der Küstenschiffahrt zu verlassen und auf Steuerbordhalsen den Atlantischen Ozean zu erreichen. Eine Konstruktion in der Karte rechtweisend S 59° O 2 sml von Eddystone Leuchtturm ergibt den Schiffsort 50° 10' N und 4° 12' W.

Von hier wird bis Mittag gesegelt WSW 33 sml bei 5° Abtrift, 6° östlicher Deviation und 18° westlicher Ortsmißweisung. Wie wir bereits früher kennen gelernt, wird bei Steuerbordhalsen die Abtrift gegen die Uhrzeiger gerechnet, also wie westliche Deviation und westliche Ortsmißweisung angebracht; man kann daher, um den gesteuerten Kompaßkurs WSW in den rechtweisenden Kurs zu verwandeln, welchen das Schiff zurücklegt, auch die algebraische Summe der drei Korrektionen direkt anbringen, nämlich 5° W + 6° O + 18° W = 17° W. Bringt man diese Gesamtkorrektion von 17° W (gegen die Uhrzeiger) an den Kompaßkurs WSW, oder nach Tafel 1 in Gradmaß angegeben, an S 68° W, so erhält man als den der Berechnung der Breite und Länge zugrunde zu legenden rechtweisenden Kurs S 51° W.

Es fragt sich also, in welche Breite und Länge das Schiff mittags kommt, wenn es von 50° 10′ N und 4° 12′ W rechtweisend S 51° W 33 sml segelt.

Zum besseren Verständnis der Methode wollen wir uns das Verfahren durch eine Figur klarmachen (Fig. 19). Wenn A den Ausgangspunkt der Segelung und AB den Weg des Schiffes, also hier S 51° W 33 sml, darstellt, so legt man sich durch den Abfahrtsort A einen Meridian und durch den Ankunftsort B einen Breitenparallel. Wenn sich diese beiden Linien in R schneiden, so entsteht das bei R rechtwinklige Dreieck ARB. Man kann sich dann die Versegelung AB ersetzt denken durch die beiden Versegelungen AR und RB, da es für den erreichten Schiffsort einerlei ist, ob das Schiff direkt von A nach B segelt, oder ob es zuerst auf dem Meridian rechtweisend Süd von A nach R und hierauf auf

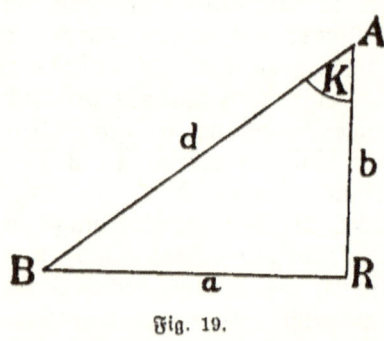

Fig. 19.

dem Breitenparallel rechtweisend West von R nach B segelt. Damit ist der vorliegende Fall zurückgeführt auf die beiden vorher besprochenen Spezialfälle. Das Stück AR stellt den versegelten Breitenunterschied b, RB die Abweichung a vor, welche mit Hilfe von Tafel 3 in Längenunterschied zu verwandeln ist. Durch Anbringung von Breitenunterschied und Längenunterschied an die Breite und Länge des Abfahrtsortes A erhält man dann die Breite und Länge des Ankunftsortes B.

Die Zahlenwerte für b und a entnimmt man sehr bequem der Tafel 4.[1] Am Kopfe der Tafel stehen die Werte des „Kurswinkels" K von 1° bis 45°, stets von Nord oder Süd gezählt und links die Werte der Distanz d von

---

[1] Näheres hierüber siehe Anhang unter Nr. 6.

— 49 —

1 bis 76 sml durchlaufend, sowie die Werte 100, 200, 300 und 400 sml; die gesuchten Werte des Breitenunterschiedes b und der Abweichung a entnimmt man dann den durch die Kopfbezeichnungen gekennzeichneten Spalten. So ist z. B. für S 38° W 19 sml $b = 15.0$ S und $a = 11.7$ W.

Wenn aber, wie im vorliegenden Falle, der von Nord oder Süd gerechnete Kurswinkel zwischen 45° und 90° liegt, so geht man mit dem Kurswinkel am Fußende der Tafel ein und entnimmt die Werte b und a ebenfalls den durch die Fußbezeichnungen gekennzeichneten Spalten. Für die vorliegende Aufgabe S 51° W 33 sml findet man $b = 20.8$ S und $a = 25.6$ W. Durch Anbringung des auf volle Minuten abgerundeten Breitenunterschiedes 21' S erhält man als erreichte Breite 49° 49' N.

Für die Verwandlung von Seemeilen-Abweichung in Minuten-Längenunterschied entsteht die Frage, mit welcher Breite dieselbe nach Tafel 3 vorgenommen werden muß. Es könnte auf den ersten Blick auf Fig. 19 scheinen, als ob die hierfür zugrunde zu legende Breite diejenige des Ankunftsortes B, also in unserer Aufgabe 49° 49' sei. Daß dies aber nicht richtig sein kann, kann man sich leicht durch Zurücksegeln desselben Schiffsweges von B nach A klarmachen. Die Werte b und a sind dieselben wie vorhin. Wollte man also die Breite des Ankunftsortes der Verwandlung zugrunde legen, so müßte man für die Rückreise mit der Breite von A in Tafel 3 eingehen. Man erhielte so das widersinnige Resultat, daß das Schiff bei der Rücksegelung derselben Strecke nicht wieder in die alte Länge zurückkehren würde.

In Wirklichkeit geschieht die Veränderung der Länge nicht, wie in Fig. 19 angegeben, während der Segelung von K nach B, sondern während des ganzen Verlaufes der Reise von A nach B. Man kommt also der Wirklichkeit erheblich näher, wenn man sich die Zerlegung in die Strecken auf Meridian und Breitenparallel nicht für die ganze Distanz d, sondern für viele kleine Teile derselben, vielleicht für jede Seemeile, durchgeführt und dann die einzelnen Werte von b und a addiert denkt. Daß bei diesem Verfahren als Summenwerte die oben gefundenen Werte $b = 20.8$ S und $a = 25.6$ W resultieren, kann man sich leicht klarmachen; zugleich leuchtet aber bei diesem Verfahren ein, daß man die Verwandlung

Bolte, Elementare Schiffahrtkunde. 4

von Seemeilen-Abweichung in Minuten Längenunterschied mit dem Mittel aus Abfahrts- und Ankunftsbreite, der sogenannten „**Mittelbreite**", vornimmt.

Im vorliegenden Falle ist die Mittelbreite 50° 0' und hiermit gibt Tafel 3

für $a = 20$ sml den Längenunterschied 31'.1
„ $a = 5$ „   „   „   7'.8
„ $a = 0,6$ „   „   „   0'.9

mithin für $a = 25,6$ sml den Längenunterschied 39'.8
oder auf volle Minuten abgerundet 40'.

Danach ergibt sich die Länge des Ankunftsortes zu 4° 52' W.

In der Praxis pflegt man die Lösung der vorliegenden Aufgabe in der folgenden abgekürzten Form auszuführen, indem man die Mittelbreite zwischen der Breiten- und Längenrechnung zwischen zwei schräge Striche setzt:

Abfahrtsort: Breite = 50° 10' N / 50° / Länge = 4° 12' W
             $b =$ 21 S   /   / $l =$ 40 W
_____
Ankunftsort: Breite = 49° 49' N   Länge = 4° 52' W

Dies würde der Besteckort des Schiffes um Mittag sein. Derselbe wird in das gesetzlich vorgeschriebene Schiffsjournal eingetragen und als Ausgangsort für die Versegelung bis zum nächsten Mittag zugrunde gelegt, so daß man für den letzteren in derselben Weise den neuen Besteckort findet usw.

Wie aber, wenn, was auf einem Segelschiff die Regel, während der Zeit von Mittag zu Mittag, oder, wie der Seemann sagt, während des „**Etmals**" nicht ein einziger Kurs gesteuert ist, sondern den Windverhältnissen entsprechend der Kurs von Zeit zu Zeit hat geändert werden müssen? In diesem Falle könnte man so verfahren, daß man auf jeden einzelnen Kurs das angegebene Verfahren anwendet, d. h. für jeden einzelnen Kurs die erreichte Breite und Länge berechnet und diese dann für den nächsten Kurs als Abfahrtsbreite und Abfahrtslänge zugrunde legt. Ein solches Verfahren würde aber bei häufigen Kursänderungen recht umständlich und zeitraubend sein und daher wendet man an Bord eine andere Methode an, welche darin besteht, daß man für die einzelnen Kurse die Werte der zugehörigen Breitenunterschiede und Abweichungen der Tafel 4 entnimmt, dann die einzelnen Breitenunterschiede unter Berücksichtigung ihrer Namen Nord oder Süd und ebenso die einzelnen Abweichungen unter Berücksichtigung ihrer Namen Ost oder West zusammenfaßt und erst mit diesen so entstehenden Werten „Gesamtbreitenunterschied" und „Gesamtabweichung" die zur Ermittlung der erreichten Breite und Länge erforderlichen Operationen vornimmt.

Um dieses Verfahren auf unsere Reise anwenden zu können und um zugleich einen Einblick in die Einrichtung und Führung des Schiffsjournals zu bieten, sollen zunächst die beiden ersten Tage des Journals nach dem Verlassen der Küstenschiffahrt bei Eddystone ausführlich angegeben werden. Dies ist auf den Seiten 52 und 53 geschehen.

Die erreichte Breite war um Mittag des 9. September 49° 49' N und die erreichte Länge 4° 52' W. Für die Veränderung des Schiffsortes bis zum nächsten Mittag kommen die rechtweisenden Kurse in der unteren Hälfte des 9. September und in der oberen Hälfte des 10. September mit den zugehörigen Distanzen in Betracht. Man pflegt dann die hierfür aus Tafel 4 zu entnehmenden Breitenunterschiede und Abweichungen mit ihren Namen in der Form des Schemas am Schlusse dieses Kapitels zusammenzustellen, dann die Werte des Gesamtbreitenunterschiedes und der Gesamtabweichung zu bilden und auf diese dann das früher kennengelernte Verfahren anzuwenden, als ob sie auf einem einzigen Kurse gewonnen wären.

Die im vorstehenden erläuterte Art des Zusammenfassens der einzelnen Kurse nennt der Seemann das „Koppeln" der Kurse.

Da, wie wir bereits früher bei den Methoden der Küstenschiffahrt kennen gelernt haben, die gesteuerten Kurse und die geloggten Distanzen mit einer Reihe von unbekannten Fehlern behaftet sind und ferner das Schiff Strömungen ausgesetzt ist, die nicht in Rechnung gezogen werden können, weil Richtung und Geschwindigkeit derselben nicht bekannt sind, so kann man von der Besteckrechnung keine zuverlässigen Schiffspositionen erwarten; vielmehr müssen ihre Resultate durch anderweitige

(Fortsetzung siehe Seite 54.)

1904. Den 9. September. Journal des Schiffes „Oberon" auf der Reise von Hamburg nach Melbourne.

Stunden Morgens	Wind	Gesteuerter Kurs	Abtrift	Ortsmißweisung	Deviation	Rechtweisender Kurs	sml	Bemerkungen
1 2 3 4	SW							
5 6 7 8	SW							Passiren um 8 Uhr Ebbystone-Feuer in NW, Abstand 2 sml
9 10 11 12	NW	WSW	5°	18° W	6° 0	S 51° W	33	In einer Böe sprang der Wind nach NW. Führten alle Segel.
Nachmittags		Verlassene Breite . . . . . = Breitenänderung . . . . . = Erreichte Breite . . . . = 49° 49' N Breite nach astron. Beob. = —		Verlassene Länge . . . . . = Längenänderung . . . . . = Erreichte Länge . . . . = 4° 52' W Länge nach astron. Beob. = —				6 Tage in See. Mittags, den 9. September 1904. Kapitän: D. Schumacher. Steuermann: H. Schoon.
1 2 3 4	SW	WNW	6°	18° W	3° 0	N 77° W	16	Um Mittag sprang der Wind nach SW. Frische Brise, hoher westlicher Seegang. Alle leichten Segel fest.
5 6 7 8	SWzS	WzN	8°	18° W	4° 0	N 85° W	14	Steife Brise. Machten Großsegel, Klüver und Besahn fest.
9 10 11 12	WSW	NWzW½W	17°	18° W	2° 0	N 61° W	13	Stürmisch, hohe See.

— 53 —

1904. Den 10. September. Journal des Schiffes „Oberon" auf der Reise von Hamburg nach Melbourne.

Stunden Morgens	Wind	Gesteuerter Kurs	Abtrift	Orts- mißweisung	Deviation	Rechtweisender Kurs	sml	Bemerkungen
1	SW	SzO¹⁄₂O	20°	18° W	1° 0	S 54° O	11	Wetter und Seegang unverändert.
2								
3								
4								
5	SW	SzO¹⁄₂O	20°	18° W	1° 0	S 54° O	6	Wetter und Seegang unverändert.
6		WNW	30°	18° W	3° 0	N 53° W	3	
7								
8								
9	WSW	NW	10°	18° W	0°	N 53° W	5	Wind abflauend.
10								
11								
12								

	Verlassene Breite . . . . = 49° 49′ N	Verlassene Länge . . . . = 4° 52′ W	7 Tage in See.
	Breitenänderung . . . = 6 N	Längenänderung . . . = 52 W	Mittags, den 10. September 1904.
	Erreichte Breite . . . = 49° 55′ N	Erreichte Länge . . . = 5° 44′ W	Kapitän: D. Schumacher.
	Breite nach astron. Beob. = —	Länge nach astron. Beob. = —	Steuermann: H. Schoon.

Nach- mittags	Wind	Gesteuerter Kurs	Abtrift	Orts- mißweisung	Deviation	Rechtweisender Kurs	sml	Bemerkungen
1	WSW	NW	5°	18° W	0°	N 58° W	18	Setzten mehr Segel.
2								
3								
4								
5	WSW	NW	5°	18° W	0°	N 58° W	6	Steife Brise, Bramsegel fest.
6	NW	SW	0°	18° W	8° 0	S 35° W	27	
7								
8								
9	NW	SWzW¹⁄₂W	0°	18° W	7° 0	S 51° W	29	Wind und Seegang abnehmend.
10								
11								
12								

(Fortsetzung von Seite 51.)

Beobachtungen während der Reise unter steter Kontrolle gehalten werden.

In der Küstenschiffahrt bot hierzu die Beobachtung terrestrischer Gegenstände ein ausgezeichnetes Mittel dar. Da aber auf hoher See dies Mittel nicht anwendbar ist, so müssen wir uns hier nach anderen Objekten umsehen und diese Objekte sind die Himmelskörper, in erster Linie die Sonne.

Die Erklärung der Methoden, nach welchen auf See durch astronomische Beobachtungen die Breite und Länge des Schiffsortes bestimmt werden kann, wird den Inhalt der nächsten Abschnitte bilden.

Schema zur Koppelung der Kurse:

Rechtweisende Kurse	sml	Breitenunterschiede		Abweichung	
		N	S	O	W
N 77° W	16	3.6	—	—	15.6
N 85° W	14	1.2	—	—	13.9
N 61° W	13	6.3	—	—	11.4
S 54° O	11	—	6.5	8.9	—
S 54° O	6	—	3.5	4.9	—
N 53° W	3	1.8	—	—	2.4
N 53° W	5	3.0	—	—	4.0
		15.9	10.0	13.8	47.3
		5.9 N		33.5 W	

Nach Tafel 3:

$$\begin{aligned} 30 \text{ sml} &= 46.7' \\ 3 \text{ „} &= 4.7' \\ 0.5 \text{ „} &= 0.8' \\ \hline 33.5 \text{ sml} &= 52.2' \end{aligned}$$

Verlassene Breite = 49°49′N /52/ Verlassene Länge = 4°52′W
Breitenunterschied =   6 N /49°/ Längenunterschied =   52 W
Erreichte Breite = 49°55′N   Erreichte Länge = 5°44′W

Die Angaben der Schlußrechnung werden dann in das Journal eingetragen.

VI.
Die astronomische Beobachtung der Kimmabstände.

Da die astronomischen Methoden der Breiten- und Längenbestimmung auf den Beobachtungen der Örter am Himmel beruhen, in welchen sich die verschiedenen Gestirne zu bestimmten Zeiten befinden, so ist zunächst eine Orientierung am Himmel auf Grund von bestimmten Himmelskreisen erforderlich, auf welche die Positionen der Gestirne bezogen zu werden pflegen.

Es ist eine astronomisch längst bekannte Tatsache, daß die Erde unter den Himmelskörpern nicht diejenige Rolle spielt, welche ihr der allererste Augenschein zuweisen möchte, daß sie nicht den Mittelpunkt des Weltalls bildet, sondern daß sie nur wie die übrigen Planeten den gemeinschaftlichen Zentralkörper, die Sonne, umkreist, und daß auch nicht einmal diese im System des Weltalls eine bevorzugte Stellung einnimmt, sondern nur die Bedeutung der zahllosen anderen Fixsterne besitzt.

Für die Behandlung der astronomischen Methoden der Breiten- und Längenbestimmung ist es aber bequem, dem Augenschein zu folgen und die Erde in den Mittelpunkt der Himmelskugel zu stellen, an welcher die übrigen Himmelskörper ihre Bahnen beschreiben, und daher soll diese Darstellungsform auch unseren Betrachtungen zugrunde gelegt werden.

Ein jeder Bewohner der Erde, mag er sich auf derselben befinden, wo er will, hat den Eindruck, daß er sich „oben" auf der Erdkugel befindet, und daher wollen wir in unserer

Figur der Erdkugel eine solche Lage geben, daß der etwa in unseren Breiten liegende Beobachtungsort oben sich befindet. Auf der Erdkugel möge in Fig. 20 p den Nordpol, p' den Südpol und aq den Erdäquator bezeichnen; dann stellen die durch p und p' gehenden Kreise die Erdmeridiane, die parallel zum Äquator laufenden Kreise die Breitenparallele dar.

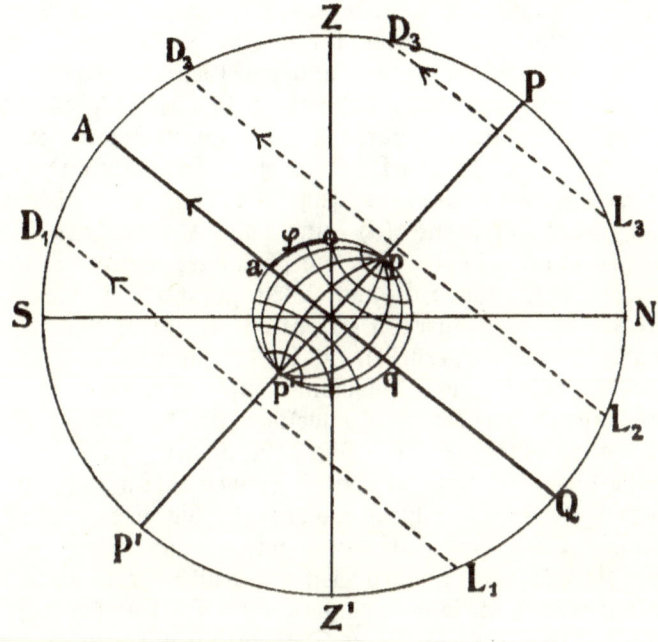

Fig 20.

Verlängert man nun die Erdachse über p und p' hinaus, so schneidet diese Verlängerung, die sogenannte Weltachse, die Himmelskugel in den **Himmelspolen** P und P', von denen P den Nordpol und P' den Südpol darstellt. Erweitert man ferner den Erdäquator aq bis zur Himmelskugel, so gelangt man zu dem **Himmelsäquator** AQ.

Zieht man durch den Beobachtungsort o eine Senkrechte durch den Erdmittelpunkt, so schneidet diese die Himmelskugel über o im Zenit Z und auf der anderen Seite im Nadir Z'. Die Verbindungslinie ZZ' heißt **Zenit-Nadirlinie**.

Legt man endlich durch den Erdmittelpunkt eine Ebene senkrecht zur Zenit=Nadirlinie, so schneidet dieselbe die Himmels= kugel in einem größten Kreise *NS*, welcher der **wahre Horizont** des Beobachtungsortes *o* genannt wird.

Die tägliche scheinbare Bewegung der Gestirne am Himmel geht nun in der Weise vor sich, daß die ganze Himmelskugel sich um die Weltachse *PP'* zu drehen scheint. Zufolge dieser täglichen Drehung würden also nur die etwa in den Punkten *P* und *P'* befindlichen Sterne ihren Ort am Himmel unver= rückbar fest beibehalten; alle anderen Gestirne dagegen be= schreiben am Himmel Kreisbahnen, welche in Fig. 20 durch die punktiert gezeichneten, parallel zum Himmelsäquator ver= laufenden Geraden dargestellt werden. Der Abstand eines Gestirns vom Himmelsäquator heißt **Deklination** oder **Ab= weichung** des Gestirns (δ) und die Kreisbahnen selbst **Deklinationsparallele**. Da die scheinbare tägliche Drehung der Himmelskugel von Ost nach West gerichtet ist, so gehen die Gestirne je nach ihrer Deklination in einem Punkte des östlichen Horizontes auf, erheben sich bei fortschreitender Drehung immer höher über den Horizont und erreichen in dem **Himmelsmeridian** *PZ P'Z'*, welcher in Fig. 20 als Kreis dargestellt wird, ihre größte Höhe. Nach dem Zeitpunkte der Meridianpassage, der sogenannten **Kulmination**, nimmt die Höhe eines Gestirns allmählich wieder ab, bis dasselbe endlich im westlichen Teile des Horizontes wieder untergeht.

Wenn die Deklination eines Gestirns Null ist, d. h. wenn das= selbe im Äquator steht, so geht es gerade im **Ostpunkte** auf und im **Westpunkte** unter. Ist seine Deklination nördlich, so liegen die Auf= und Untergangspunkte nördlich vom Ost= und West= punkte; ist die Deklination dagegen südlich, so liegen die Auf= und Untergangspunkte südlich vom Ost= und Westpunkte.

Für die astronomische Bestimmung der **Breite** bietet nun die Beobachtung der Höhe eines Gestirns bei der Meridian= passage, der sogenannten **Meridianhöhe**, eine sehr einfache Methode dar.

Nehmen wir z. B. an, ein Gestirn, etwa die Sonne, bewege sich in dem Deklinationsparallel $D_1 L_1$; so kulminiert dieselbe im Punkte D_1.

Wenn nun durch Beobachtung die Meridianhöhe SD_1 ge= funden worden ist, so findet man, da der Bogen $SZ = 90°$

ist, die **Meridianzenitdistanz** ZD_1, indem man die Meridianhöhe von 90° subtrahiert:

$$m = 90° - h.$$

Subtrahiert man dann von der so gefundenen Meridianzenitdistanz ZD_1 die Deklination der Sonne $AD_1 = \delta_1$, welche aus Tabellen entnommen wird, so erhält man den Bogen AZ, und dieser ist, da er in Winkelmaß gemessen mit dem Bogen ao des Erdmeridians identisch ist, gleich der Breite (φ) des Beobachtungsortes

$$\varphi = m_1 - \delta_1.$$

Diese Beziehung, daß der Bogen AZ gleich der Breite ist, bildet den Schlüssel zur Breitenbestimmung durch Meridianhöhen.

Wenn das Gestirn sich im Deklinationsparallel $D_2 L_2$ bewegt, so beobachtet man die Meridianhöhe SD_2 und findet durch Subtraktion von 90° die Meridianzenitdistanz $ZD_2 = m_2$; ist dann die Deklination $AD_2 = \delta_2$, so erhält man für die Bestimmung der Breite

$$\varphi = m_2 + \delta_2.$$

Bewegt sich endlich das Gestirn in dem Deklinationsparallel $D_3 L_3$, so findet man in analoger Weise die Meridianhöhe ND_3, durch Subtraktion derselben von 90° die Meridianzenitdistanz $ZD_3 = m_3$, und hieraus mit Hilfe der Deklination $AD_3 = \delta_3$ die Breite durch die Gleichung

$$\varphi = \delta_3 - m_3.$$

In jedem der drei Fälle ergibt also eine einfache Addition oder Subtraktion der Meridianzenitdistanz und der Deklination die Breite.

Es fragt sich nun, wie man zur Kenntnis der beiden Rechnungselemente Höhe und Deklination gelangt.

Die **Höhe** wird durch Beobachtung gewonnen; aber es ist hierbei zu beachten, daß die für die Rechnung erforderliche Höhe über dem wahren Horizont, die sogenannte „wahre Höhe", nicht direkt beobachtet werden kann, weil der wahre Horizont nicht als eine sichtbare Linie erscheint. Als solche bietet sich auf See die Kimm dar und daher können auch nur die Abstände der Gestirne über der Kimm Gegenstand der Beobachtung sein. Diese sogenannten **Kimmabstände** werden dann mit Hilfe von bestimmten Korrektionen zu wahren Höhen

reduziert. Somit wird die Ermittlung der wahren Höhen zerlegt in die beiden Operationen:
1. Beobachtung der Kimmabstände und
2. Verwandlung der Kimmabstände in wahre Höhen.

Die Beobachtung der Kimmabstände geschieht mit dem Sextanten, und es muß daher unsere Aufgabe sein, zunächst die Einrichtung dieses Instrumentes kennen zu lernen und dann das Verfahren zu bestimmen, nach welchem die Beobachtung der Kimmabstände erfolgt.

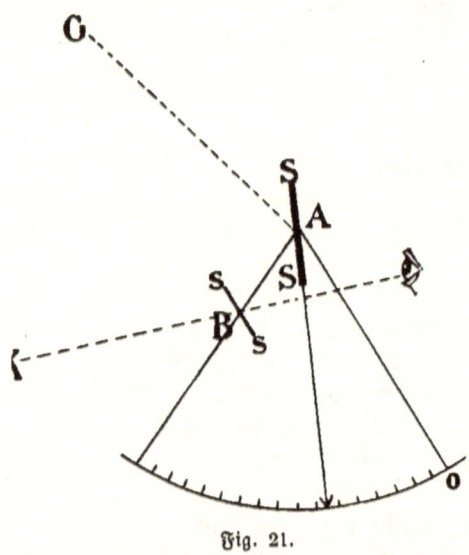

Fig. 21.

Der Körper des Sextanten stellt einen Kreisausschnitt von dem Zentriwinkel 60° dar, dessen Bogen eine Einteilung auf meistens 10' besitzt. Auf dem Sextantenkörper ist ein kleinerer Spiegel ss (Fig. 21) fest angebracht von der Beschaffenheit, daß nur die eine, dem Instrumentkörper benachbarte Hälfte belegt, die andere Hälfte dagegen unbelegt ist. Außerdem geht durch den Mittelpunkt der Kreisbogenteilung eine Achse, um welche sich ein Radius, die sogenannte „Alhidade", dreht. Diese ist durch eine Schraube in jeder Lage festzuklemmen, und ein an ihrem Ende angebrachter Nonius gestattet Ablesungen am Gradbogen bis auf 10″, 15″, 20″ oder 30″. Außerdem trägt die Alhidade über der Drehungsachse einen größeren Spiegel SS.

Um nun die Höhe eines Gestirns G über der Kimm K zu messen, nimmt man mit der rechten Hand das mit einem Handgriff versehene Instrument nach Angabe von Fig. 21 so vor das Auge, daß man durch den unbelegten Teil des festen Spiegels ss direkt die Kimm K sieht. Darauf gibt man bei vertikaler Haltung des Instrumentes der Alhidade durch Drehen mit der linken Hand eine solche Lage, daß der von einem

Gestirn G in den großen Spiegel fallende Lichtstrahl in A nach dem kleinen Spiegel reflektiert wird, um hier in derselben Weise in B ins Auge reflektiert zu werden. Auf diese Weise erblickt das Auge, da die letzte Wegstrecke des doppelt reflektierten Lichtstrahles mit dem von der Kimm durch den unbelegten Teil des kleinen Spiegels gehenden Lichtstrahl parallel läuft, den Stern in der Kimm.

Die Möglichkeit, aus derjenigen Einstellung der Alhidade, bei welcher ein Zusammenfallen der Kimm mit dem Spiegelbilde des Gestirns stattfindet, einen Schluß zu ziehen auf den Winkelabstand des Gestirns von der Kimm, liegt nun darin,

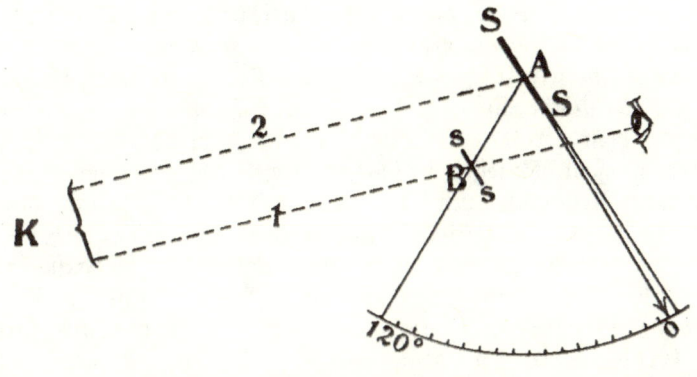

Fig. 22.

daß eine bestimmte Beziehung zwischen Drehung der Alhidade mit dem großen Spiegel einerseits und dem Höhenwinkel andererseits besteht. Um uns dieselbe klar zu machen, wollen wir bei derselben Haltung des Sextanten die Alhidade auf uns zu drehen (in Fig. 21 nach rechts) und zwar soweit, daß die beiden Spiegel parallel zueinander stehen. (Fig. 22). Dann lassen sich die beiden Lichtstrahlen verfolgen, von welchen der eine von der Kimm ausgehend durch den unbelegten Teil des kleinen Spiegels direkt in das Auge gelangt und zweitens derjenige, welcher von der Kimm in den großen Spiegel fällt, hier nach dem kleinen Spiegel hin reflektiert wird und dort endlich durch nochmalige Reflexion ins Auge gelangt. Es ist nun leicht zu beweisen, daß, um diesen Weg des Lichtstrahles zu gewährleisten, die Spiegel tatsächlich parallel zueinander stehen müssen. (Siehe Anhang Nr. 7.) Da aber der Winkel zwischen dem direkten Lichtstrahl 1 und der ersten Wegstrecke 2 des doppelt reflektierten Lichtstrahles den Winkel 0° miteinander bilden, so muß die Alhidade, wenn anders ihre Stellung auf dem Gradbogen dem Winkel zwischen jenen beiden Lichtstrahlen entsprechen soll, bei dieser parallelen Spiegelstellung auf Null stehen.

Dreht man von dieser Nullstellung aus die Alhidade nach links und damit auch den großen Spiegel bei sonst unveränderter Haltung des Instrumentes, so bleibt die Lage des direkten Lichtstrahles 1 dieselbe, dagegen nimmt der in den großen Spiegel fallende Lichtstrahl, welcher nach zweimaliger Reflexion parallel zu 1 ins Auge gelangt, bei dieser Drehung der Alhidade eine andere Lage an, und zwar dreht er sich, wie sich beweisen läßt (siehe Anhang Nr. 8) um doppelt soviel, wie die Alhidade sich dreht. Hieraus folgt, daß der Winkel zwischen dem direkten Lichtstrahl 1 und dem von einem Gestirn in den großen Spiegel fallenden Lichtstrahl, welcher nach der doppelten Reflexion parallel zu 1 ins Auge gelangt, doppelt so groß ist als der Winkel, um welchen die Alhidade aus der Nullage gedreht werden muß. Um daher die zu beobachtende Höhe über der Kimm direkt ablesen zu können, sind die Winkelwerte der Gradbogenteilung verdoppelt, so daß die linke Grenze des Gradbogens bei dem Winkel 60° die Angabe 120° enthält.

In diesen Ausführungen ist das Prinzip der Höhenmessung mit dem Sextanten enthalten. Es muß indessen bemerkt werden, daß die Voraussetzung, daß die Alhidade bei paralleler Stellung der beiden Spiegel auf Null steht, nicht ohne weiteres immer als erfüllt angesehen werden kann, vielmehr vor jeder Messung geprüft werden muß. Diese Prüfung geschieht nach dem Gesagten am einfachsten, indem man die beiden bei der Haltung des Instrumentes nach Angabe von Fig. 22 entstehenden Bilder der Kimm vermittels einer Schraube, welche die langsame Bewegung der Alhidade bewirkt, zur Deckung bringt und dann abliest, wo die Alhidade auf dem Gradbogen steht. Steht sie nicht, wie sie eigentlich sollte, auf Null, so hat das Instrument einen „Indexfehler". Jeder mit dem Sextanten zu messende Winkel ist um diesen Fehler gefälscht. Steht bei der Deckung der beiden Kimmbilder die Alhidade rechts vom Nullpunkte der Teilung, so werden alle Winkel zu klein abgelesen, mithin ist die „Indexkorrektion", d. h. die Korrektion, welche an die Ablesungen anzubringen ist, positiv (+). Wenn dagegen die Alhidade links vom Nullpunkte der Teilung steht, so werden alle Winkel zu groß abgelesen und die Indexkorrektion ist daher in diesem Falle negativ (—).

Außer der im Vorstehenden wiedergegebenen Einrichtung ist der Sextant noch mit einer Reihe von Vorrichtungen versehen, welche teils der Erhöhung der Genauigkeit der Messungen, teils der Schonung der Augen dienen. Um die von der Sonne ausgehenden, doppelt reflektierten Lichtstrahlen abzublenden, sind zwischen den beiden Spiegeln Blendgläser angebracht, während die Abblendung der direkten Lichtstrahlen durch Blendgläser außerhalb des kleinen Spiegels erreicht wird. Zwischen Auge und kleinem Spiegel wird ein Fernrohr eingeschraubt in einer zur Ebene des Sextanten parallelen Lage, so daß die vom kleinen Spiegel reflektierten, sowie die durch den unbelegten Teil des kleinen Spiegels hindurchgehenden Lichtstrahlen parallel zur optischen Achse des Fernrohrs verlaufen.

Die Einteilung des Gradbogens ist verschieden. Bei den neueren Sextanten ist der Grad in sechs gleiche Teile geteilt, so daß die Gradbogenteile 10 Minuten groß sind; doch kommen auch Gradteilungen in zwei Teile zu je 30 Minuten, in drei Teile zu je 20 Minuten und in vier Teile zu je 15 Minuten vor. Um die Einstellungen der Alhidade genauer ablesen zu können, ist dieselbe mit einem sogenannten Nonius versehen über welchem sich eine Lupe bewegen läßt.

Um nun den Kimmabstand eines Gestirns zu messen, stellt man zunächst ohne Zuhilfenahme des Fernrohres die Alhidade, d. h. den Nullpunkt des Nonius, ungefähr auf den Nullpunkt des Gradbogens. In dieser Alhidadenstellung visiert man das zu beobachtende Gestirn an und erblickt dabei zwei Bilder desselben, nämlich ein direkt gesehenes und ein durch doppelte Reflexion entstandenes. Wenn man dann die Alhidade langsam über den Gradbogen hindreht, so geht das doppelt reflektierte Bild im Gesichtsfelde nach unten. Man hat nun mit dem Instrumente bei fortgesetzter Drehung der Alhidade diesem Bilde zu folgen und zwar soweit, bis im unbelegten Teile des kleinen Spiegels die Kimm erscheint. In dieser Lage klemmt man die Alhidade fest und reguliert dann die genaue Einstellung des Gestirns mit der Kimm durch die tangential zum Kreisbogen angebrachte **Tangentenschraube**.

Bei Beobachtungen der Sonne darf das Vorschlagen der Blendgläser zum Schutze der Augen nicht versäumt werden.

Für die Breitenbestimmung durch Meridianhöhen kommen nur die **Höhen der Gestirne bei ihrer Kulmination** in Betracht, d. h. in demjenigen Augenblicke, wo sie ihren größten Wert erreicht haben. Um diesen Wert zu erhalten, stellt man kurze Zeit vor der erwarteten Kulmination den Kimmabstand des zu beobachtenden Gestirns nach der soeben beschriebenen Methode ein. Da die Höhe noch zunimmt, so wird kurze Zeit nachher die bei der ersten Einstellung hergestellte Deckung von Gestirn und Kimm nicht mehr vorhanden sein, und man muß, um dieselbe wieder zu erlangen, die Alhidade noch ein Stück weiter drehen. In dieser Weise fährt man, von Zeit zu Zeit neu einstellend, fort, bis bei immer langsamerer Höhenänderung die Meridianhöhe erreicht ist. Wenn nach dem Passieren des Meridians die Höhen abzunehmen anfangen, darf natürlich die Einstellung nicht mehr durch Zurückdrehen der Alhidade hergestellt werden, da für die in Aussicht genommene Methode nur die Bestimmung der größten Höhe von Wert ist.

Auf diese Weise findet man nach Anbringung der vorher bestimmten Indexkorrektion den Kimmabstand des Gestirns bei der Kulmination desselben.

Weil aber, wie auf Seite 59 erklärt ist, der Berechnung der Breite nicht Kimmabstände, sondern **wahre Höhen der Gestirne** zugrunde zu legen sind, so tritt nunmehr die Aufgabe an uns heran, die beobachteten Kimmabstände in wahre Höhen zu verwandeln.

VII.

Die Verwandlung der beobachteten Kimmabstände in wahre Höhen.

Um die durch Beobachtung gefundenen Kimmabstände in wahre Höhen zu verwandeln, muß man eine Reihe von Korrektionen anbringen, welche im folgenden näher behandelt werden sollen. Das hierbei einzuschlagende Verfahren ist aber verschieden, je nachdem es sich um die Kimmabstände von Fixsternen, Planeten, Sonne oder Mond handelt.

1. Um zunächst mit der Reduktion von Fixsternhöhen zu beginnen, weil hier die Betrachtungen sich am einfachsten gestalten, so haben wir es hierbei mit zwei verschiedenen Korrektionen zu tun, mit der „Kimmtiefe" und der „Refraktion".

a) Die Kimmtiefe.

Wenn in Fig. 23 der Punkt B das Auge des Beobachters bedeutet, so entsteht die Kimm, wenn man von B aus nach allen Seiten hin Tangenten an die Meeresoberfläche zieht. Befindet sich nun ein Fixstern in G, so erhält man denjenigen Kreis, auf welchem die Kimmabstände gemessen werden, wenn man durch den Zenitpunkt Z und G einen Kreis senkrecht zum Horizont legt. Dieser sogenannte Höhenkreis ist in der Fig. 23 durch den um den Erdmittelpunkt M beschriebenen Kreis dargestellt.

Der durch Beobachtung mit dem Sextanten gefundene Kimmabstand ist der Winkel GBK'.

Um diesen Kimmabstand zunächst zur sogenannten **scheinbaren Höhe** zu reduzieren, denkt man sich durch das Auge in B eine Ebene parallel zum wahren Horizont gelegt. Der Kreis, in welchem diese Ebene das Himmelsgewölbe schneidet, heißt **scheinbarer Horizont**, und die von diesem ab gerechnete Höhe h' wird **scheinbare Höhe** genannt. Nun erkennt man aus Fig. 23 ohne weiteres, daß der gemessene Kimmabstand stets um den Winkel k größer ist, als die scheinbare Höhe h'. Dieser Winkel k heißt **Kimmtiefe**, weil er angibt, wieviel die Kimm tiefer liegt als der scheinbare

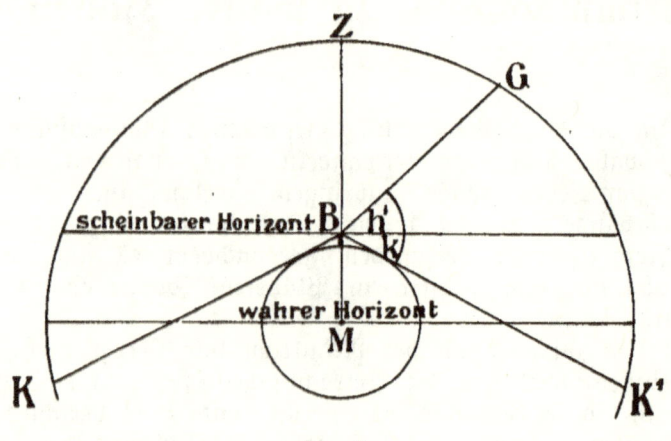

Fig. 23.

Horizont. Die Kimmtiefe ist um so größer, je größer die Höhe des Auges über dem Meeresspiegel, die sogenannte „**Augeshöhe**", ist. Ihr Betrag wird aus Tafeln entnommen und stets von dem gemessenen Kimmabstand **subtrahiert**.

Eine solche Tafel findet sich in dem vom Reichsamte des Innern für jedes Kalenderjahr herausgegebenen, für die astronomische Nautik unentbehrlichen „**Nautischen Jahrbuch**" (Preis 1,50 Mk.) als Tafel 15a.[1]

Die Kimmtiefe wird stets subtrahiert.

---

[1] Näheres über die Kimmtiefe siehe Anhang Nr. 9.

b) Die Refraktion.

Die zweite Korrektion bei Fixsternhöhen, die sogenannte Refraktion oder Strahlenbrechung entsteht dadurch, daß der von dem Stern in unser Auge gelangende Lichtstrahl keinen geradlinigen Weg zurücklegt, sondern in einer krummen Linie verläuft.

Wenn man sich, wie in Fig. 24 dargestellt, die unsere Erde umgebende atmosphärische Lufthülle zunächst der Einfachheit halber in zwei Schichten von verschiedener Dichte angeordnet denkt in der Weise, daß die innere, der Erde benachbarte Schicht die dichtere ist, daß aber die Dichtigkeit innerhalb derselben Schicht dieselbe ist, so trifft der vom Fixstern G ausgehende Lichtstrahl zunächst die äußere, dünnere Schicht. Nach einem physikalischen Gesetz erleidet nun ein Lichtstrahl beim Übergang in ein Medium von anderer Dichte eine Ablenkung von seiner Richtung, er wird „gebrochen" und zwar in Fig. 24 nach unten.

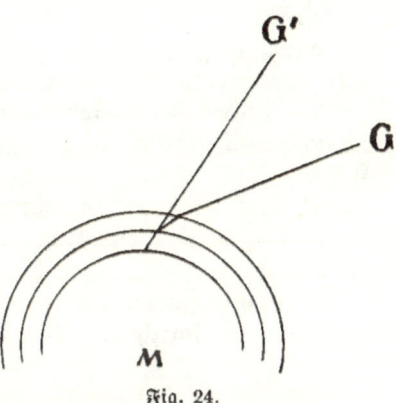

Fig. 24.

Wenn er auf die dichtere Schicht stößt, wird er zum zweiten Male gebrochen, und zwar wieder nach unten und gelangt in dieser Richtung in das Auge, so daß dem Beobachter der Lichtstrahl von dem Orte G' herzukommen scheint. Nun trifft allerdings in der Natur die Annahme der schichtenartig abnehmenden Dichtigkeit in der Atmosphäre nicht zu; vielmehr geschieht diese Dichtigkeitsabnahme ganz allmählich, und daher bildet der Weg des Lichtstrahls innerhalb der Atmosphäre keine gebrochene, sondern eine gekrümmte Linie; aber die Tatsache bleibt bestehen, daß die letzte Strecke dieses gekrümmten Lichtstrahles von einem höher gelegenen Orte herzukommen scheint, als dem wirklichen Orte des Gestirns. Die Folge hiervon ist, daß uns alle Gestirne zu hoch erscheinen, und es muß daher von allen beobachteten Höhen dieser Betrag, um welchen die gemessene Höhe zu groß ausfällt, die sogenannte Refraktion, subtrahiert werden. Die Refraktion ist gleich Null, wenn das Gestirn im Zenit steht, da in diesem Falle der Lichtstrahl, weil senkrecht auf die Schichtflächen auffallend, ungebrochen hindurchgeht; sie nimmt aber bei abnehmenden Höhen immer mehr zu und erreicht im Horizonte ihren größten Wert.

Eine Zusammenstellung der Refraktionswerte mit den zugehörigen scheinbaren Höhen findet sich im nautischen Jahrbuch in Tafel 16a.[1]

Die Refraktion wird stets subtrahiert.

In der Praxis wird die Verwandlung der gemessenen Kimmabstände von Fixsternen in wahre Höhen in der Regel nicht durch einzelne Anbringung der beiden genannten Korrektionen vorgenommen, sondern man bringt die algebraische Summe beider als sogenannte Gesamtkorrektion in Rechnung. Dieselbe ist in Tafel 5 dieses Heftes zusammengestellt.

Auf See ist die Abrundung der wahren Höhen auf volle Minuten sowohl den Ungenauigkeiten der Beobachtung als auch den Bedürfnissen der Ortsbestimmung angemessen.

Hiernach gestaltet sich die Reduktion der Fixsternhöhen in der folgenden, durch ein Beispiel veranschaulichten Weise:

1. Reduktion durch Einzelkorrektionen:

$$\begin{aligned}\text{Kimmabstand } \bigstar \ &\ 36°\ 20'\ \text{bei 5 m Augeshöhe}\\ k =&\ -\ 4\\ \hline \text{Scheinbare Höhe } h' =&\ 36°\ 16'\\ r =&\ -\ 1.3\\ \hline \text{Wahre Höhe } h =&\ 36°\ 15'\\ \text{Zenitdistanz } z =&\ 53°\ 45'.\end{aligned}$$

2. Reduktion durch Gesamtkorrektion:

$$\begin{aligned}\bigstar\ &\ 36°\ 20'\\ \text{Gesamtkorrektion} =&\ -\ 5.3\\ \hline h =&\ 36°\ 15'\\ z =&\ 53°\ 45'.\end{aligned}$$

---

[1] Näheres über die Refraktion siehe Anhang Nr. 10.

2. Für die nautischen Beobachtungen über der nächtlichen Kimm kommen außer den Fixsternen — abgesehen von dem später zu behandelnden Mond — noch die Hauptplaneten Venus, Mars, Jupiter und Saturn in Frage.

Da die Kimmtiefe nur von der Augeshöhe abhängig ist, mit dem jeweilig beobachteten Gestirn dagegen nichts zu tun hat, so ist klar, daß die Kimmtiefe bei Planetenhöhen in derselben Weise wie bei Fixsternhöhen angebracht wird; auch der Refraktion sind die von den Planeten ausgehenden Lichtstrahlen in derselben Weise unterworfen, wie die von den Fixsternen kommenden, da alle Himmelskörper sich außerhalb der Atmosphäre befinden, und daher bedürfen auch die Kimmabstände der Planeten der Anbringung der Refraktion.

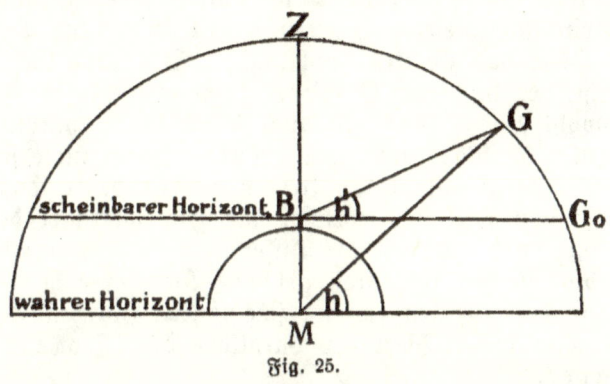

Fig. 25.

Es kommt aber außer diesen beiden uns bereits bekannten Korrektionen bei Planetenhöhen noch eine dritte Korrektion, die sogenannte „Parallaxe", hinzu, welche ihre Erklärung in der verhältnismäßig geringen Entfernung der Planeten findet.

Wenn in Fig. 25 der Punkt B wieder das Auge des Beobachters bedeutet, durch welches der scheinbare Horizont gelegt ist, und M den Erdmittelpunkt, durch welchen der wahre Horizont geht, so ist h' die durch Anbringung der Kimmtiefe an den beobachteten Kimmabstand ermittelte scheinbare Höhe. Die gesuchte wahre Höhe ist aber der vom wahren Horizont ab gerechnete Winkel h, dessen Scheitelpunkt im Erdmittelpunkte liegt. Wie man aus der Figur leicht erkennt, ist h stets größer als h', und dieser Überschuß der wahren

Höhe über die scheinbare Höhe wird Parallaxe des Planeten genannt.

Die Größe der zu der scheinbaren Höhe zu addierenden Parallaxe ist abhängig einmal von der Entfernung des Gestirns. Wenn wir uns in Fig. 25 die Linien *BG* und *MG* durch Gummischnüre von unbegrenzter Elastizität dargestellt denken, wird bei immer größerer Entfernung des Gestirns *G* der Unterschied zwischen h und h' immer kleiner, d. h. die Parallaxe ist um so kleiner, je weiter das Gestirn entfernt ist. Wenn die Entfernung genügend groß ist, so kann man die Linien *BG* und *MG* als parallel ansehen, mithin verschwindet bei genügend großer Entfernung die Parallaxe und hierin ist der Grund dafür zu suchen, daß die Parallaxe bei Fixsternen vernachlässigt werden kann.

Für ein und dieselbe Entfernung ist ferner die Parallaxe von der Höhe des Gestirns abhängig. Wenn das Gestirn im Zenit steht, d. h. wenn *G* mit *Z* zusammenfällt in Fig. 25, so ist sowohl $h' = 90°$ als auch $h = 90°$; mithin ist in diesem Falle die Parallaxe gleich Null. Wenn man sich nun die Höhen dadurch allmählich kleiner werden denkt, daß *G* in dem Kreise von Fig. 25, welcher die Himmelskugel darstellt, hinabgeführt wird, so wird die Differenz von h und h' immer größer, bis sie in *Go* ihren größten Wert erreicht. Da in dieser Lage das Gestirn sich im scheinbaren Horizont befindet, so nennt man diesen Wert der Parallaxe die „Horizontalparallaxe".

Die Horizontalparallaxe der obengenannten vier Hauptplaneten ist nun im nautischen Jahrbuch für jeden zehnten Tag des Jahres auf den Seiten XI und XII in jedem Monat angegeben. Um dann den für die Reduktion einer beobachteten Planetenhöhe erforderlichen, dieser Höhe entsprechenden Wert der Parallaxe, die sogenannte „Höhenparallaxe", zu erhalten, entnimmt man diese der Tafel 3 des nautischen Jahrbuches oder dem Fußende von Tafel 5 dieses Heftes.[1]

Da die wahre Höhe h stets größer ist als h', so muß die Höhenparallaxe p stets zur scheinbaren Höhe addiert werden. Wenn man die Reduktion der Planetenhöhen mit Hilfe der Gesamtkorrektion vornimmt, so kann man also hierzu die

---

[1] Näheres hierüber siehe Anhang Nr. 11.

Gesamtkorrektion für Fixsternhöhen benutzen, wenn man die numerischen Werte derselben in Tafel 5 dieses Heftes um die in dem Fußtäfelchen angegebenen Werte verkleinert.

Wenn z. B. bei einer Augeshöhe von 4 m der Kimmabstand der Venus zu 15° 33′ gemessen ist und die Horizontalparallaxe 29″ dem nautischen Jahrbuche entnommen ist, so gestaltet sich die Verwandlung in die wahre Höhe mit Hilfe der Einzelkorrektionen einerseits und der Gesamtkorrektion andererseits in der folgenden Weise:

1. Reduktion durch Einzelkorrektionen.

$$\begin{array}{rl} \text{Venus} \;✶ & 15^\circ\;33' \\ k = & -\;\;\;3.6 \\ \hline \text{Scheinbare Höhe } h' = & 15^\circ\;29'.4 \\ \text{Refraktion } r = & -\;\;\;3.5 \\ \hline & 15^\circ\;25'.9 \\ \text{Höhenparallaxe } p = & +\;\;\;0.5 \\ \hline \text{Wahre Höhe } h = & 15^\circ\;26' \\ \text{Zenitdistanz } z = & 74^\circ\;34'. \end{array}$$

2. Reduktion durch Gesamtkorrektion.

$$\begin{array}{rl} \text{Venus} \;✶ & 15^\circ\;33' \\ \text{Gesamtkorrektion} = & -\;\;\;6.6 \\ \hline h = & 15^\circ\;26' \\ z = & 74^\circ\;34'. \end{array}$$

3. Die weitaus größte Anwendung in der nautisch-astronomischen Ortsbestimmung findet von allen Gestirnen die Sonne. Daß auch bei ihr die beiden Korrektionen der Kimmtiefe und der Refraktion anzubringen sind, ist ohne weiteres einleuchtend. Die Horizontalparallaxe der Sonne beträgt 9″ und hiermit sind die für die Reduktion von Sonnenhöhen in Betracht kommenden Werte der Höhenparallaxe für die verschiedenen Höhen in Tafel 2 des nautischen Jahrbuches zusammengestellt. Dieselben sind aber so klein, daß man für die Praxis die Höhenparallaxe der Sonne unbedenklich vernachlässigen kann.

Es kommt aber bei Beobachtungen der Sonne noch eine vierte Korrektion hinzu. Wir hatten bei der Erklärung des Prinzips der Breitenbestimmung durch Meridianhöhen (S. 59) gesehen, daß für diese Methode die sogenannte Deklination des Gestirns, d. h. sein Winkelabstand vom Himmelsäquator, bekannt sein muß. Diese wird dem nautischen Jahrbuche entnommen und zwar bei der Sonne für den Mittelpunkt derselben. Nun läßt sich aber der Kimmabstand des Sonnenmittelpunktes nicht direkt beobachten, weil sich dieser nicht aus der Scheibe abhebt, und man pflegt daher entweder den unteren oder oberen Rand der Sonne zum Gegenstand der Beobachtung zu machen, reduziert diesen Rand mit Hilfe von Kimmtiefe, Refraktion und Parallaxe zur wahren Randhöhe und kommt dann endlich zur gesuchten wahren Mittelpunkthöhe, indem man zur **Unterrandhöhe** den ebenfalls dem nautischen Jahrbuch (Seite I für jeden Monat) entnommenen Halbmesser der Sonne **addiert**, von der **Oberrandhöhe** dagegen **subtrahiert**.

Für die Praxis geschieht die Verwandlung in wahre Mittelpunkthöhen in der Regel mit Hilfe der Gesamtkorrektion, der algebraischen Summe der Einzelkorrektionen. Dieselbe ist für Sonnenunterrand in Tafel 6, für Sonnenoberrand in Tafel 7 dieses Heftes angegeben. Zur Erläuterung mögen die folgenden beiden Beispiele dienen:

a) Aus 6 m Augeshöhe sei der Kimmabstand des Sonnenunterrandes zu $48°\ 11'$ gemessen; der Halbmesser der Sonne betrage $16'\ 12''$.

1. Reduktion durch Einzelkorrektionen.

$$
\begin{array}{rl}
\text{Sonnenunterrand } \odot = & 48°\ \ 11' \\
\text{Kimmtiefe } k = & -\ \ \ \ 4.4 \\
\hline
\text{Scheinbare Höhe } h' = & 48°\ \ \ 6'.6 \\
\text{Refraktion } r = & -\ \ \ \ 0.9 \\
\hline
& 48°\ \ \ 5'.7 \\
\text{Höhenparallaxe } p = & +\ \ \ \ 0.1 \\
\hline
\text{Wahre Unterrandhöhe} = & 48°\ \ \ 5'.8 \\
\text{Halbmesser} = & +\ \ 16.2 \\
\hline
\text{Wahre Mittelpunkthöhe } h = & 48°\ \ 22' \\
\text{Zenitdistanz } z = & 41°\ \ 38'
\end{array}
$$

2. Reduktion durch Gesamtkorrektion.[1]

$$\begin{array}{rl} & \odot \quad 48^0\ 11' \\ \text{Gesamtkorrektion} = & +\ 10.9 \\ \hline h = & 48^0\ 22' \\ z = & 41^0\ 38' \end{array}$$

b) Aus 5 m Augeshöhe sei der Kimmabstand des Sonnenoberrandes zu 36° 43′ gemessen; der Halbmesser der Sonne betrage 15′ 53″.

1. Reduktion durch Einzelkorrektionen.

$$\begin{array}{rl} \text{Sonnenoberrand } \odot & 36^0\ 43' \\ \text{Kimmtiefe } k = & -\ \ \ \ 4 \\ \hline \text{Scheinbare Höhe } h' = & 36^0\ 39' \\ \text{Refraktion } r = & -\ \ \ \ 1.3 \\ \hline & 36^0\ 37'.7 \\ \text{Höhenparallaxe } p = & +\ \ \ \ 0.1 \\ \hline \text{Wahre Oberrandhöhe} = & 36^0\ 37'.8 \\ \text{Halbmesser} = & -\ 15.9 \\ \hline \text{Wahre Mittelpunkthöhe } h = & 36^0\ 22' \\ \text{Zenitdistanz } z = & 53^0\ 38' \end{array}$$

2. Reduktion durch Gesamtkorrektion.[2]

$$\begin{array}{rl} & \odot \quad 36^0\ 43' \\ \text{Gesamtkorrektion} = & -\ 21.1 \\ \hline h = & 36^0\ 22' \\ z = & 53^0\ 38'. \end{array}$$

4. Endlich ist noch die Reduktion von Mondhöhen zu behandeln. Auch hier treten dieselben vier bei der Sonne vorkommenden Korrektionen auf, wenn auch die Art ihrer Ermittelung und die Gruppierung derselben eine etwas abweichende ist. Die Behandlung der Kimmtiefe ist dieselbe wie bei allen übrigen Beobachtungen über der Kimm und auch der Übergang von der wahren Randhöhe zur wahren Mittelpunkthöhe am Schlusse der Reduktion geschieht ebenso wie bei der

---

[1] [2] In der Gesamtkorrektion ist ein mittlerer Halbmesser von 16′ zugrunde gelegt.

Sonne durch Addition oder Subtraktion des Mondhalbmessers, dessen Werte von zwölf zu zwölf Stunden auf Seite II von jedem Monat im nautischen Jahrbuch angegeben sind. Nur die Berücksichtigung von Refraktion und Parallaxe ist hier eine etwas andere.

Zunächst mag betont werden, daß die Parallaxe beim Monde das entschiedene Übergewicht über die Refraktion besitzt wegen der großen Nähe des Mondes, und daß daher die Gesamtwirkung beider Einflüsse eine positive Korrektion ergeben muß. In der Tat wird die Reduktion der Mondhöhen in der Weise vorgenommen, daß nach der Subtraktion der Kimmtiefe die Größe „Höhenparallaxe minus Refraktion" zur scheinbaren Höhe addiert und hierauf der Mondhalbmesser addiert oder subtrahiert wird, je nachdem der Unterrand oder der Oberrand des Mondes beobachtet ist.

Diese Größe ist in Tafel 8 dieses Heftes als Unterschied der scheinbaren und wahren Mondhöhe für die Werte der Horizontalparallaxe von 54' bis 60' und für die Höhen von 10° an zusammengestellt.

Über die Berechnung derselben siehe Nr. 13 des Anhanges.

Natürlich kann man auch beim Monde wieder die Gesamtkorrektion zur Höhenreduktion benutzen. Zu diesem Zwecke sind in Tafel 9 die Werte derselben für den Mondunterrand, in Tafel 10 für den Mondoberrand berechnet.

Nach dem Gesagten wird man leicht die Verwandlung der Höhen in den folgenden beiden Beispielen vornehmen können.

a) Aus 4 m Augeshöhe sei der Kimmabstand des Mondunterrandes zu 36° 19' gemessen, als die Horizontalparallaxe 55' 30" und der Halbmesser 15' 10" betrug.

1. Reduktion durch Einzelkorrektionen.

$$
\begin{aligned}
\text{Mondunterrand } \mathbb{C} &= 36° \ 19' \\
\text{Kimmtiefe } k &= -\ \ \ 3.6 \\
\hline
\text{Scheinbare Höhe } h' &= 36° \ 15'.4 \\
\text{(Tafel 8)} &= +\ 43.5 \\
\hline
\text{Wahre Unterrandhöhe} &= 36° \ 58'.9 \\
\text{Halbmesser} &= +\ 15.2 \\
\hline
\text{Wahre Mittelpunkthöhe } h &= 37° \ 14' \\
\text{Zenitdistanz } z &= 52° \ 46'.
\end{aligned}
$$

2. Reduktion durch Gesamtkorrektion.

$$\begin{array}{r} \mathrm{C}\ 36°\ 19'\\ \text{Gesamtkorrektion} = +\ 55'\ \\ \hline h = 37°\ 14'\\ z = 52°\ 46' \end{array}$$

b) Aus 5 m Augeshöhe sei der Kimmabstand des Mondoberrandes zu 78° 42′ gemessen, als die Horizontalparallaxe 61′ 20″ und der Halbmesser 16′ 44″ betrug.

1. Reduktion durch Einzelkorrektionen.

$$\begin{array}{r} \text{Mondoberrand } \mathrm{C}\ 78°\ 42'\\ \text{Kimmtiefe } k = -\ 4'\\ \hline \text{Scheinbare Höhe } h' = 78°\ 38'\\ (\text{Tafel 8}) = +\ 11.8\\ \hline \text{Wahre Unterrandhöhe} = 78°\ 49'.8\\ \text{Halbmesser} = -\ 16'.7\\ \hline \text{Wahre Mittelpunkthöhe } h = 78°\ 33'\\ \text{Zenitdistanz } z = 11°\ 27' \end{array}$$

2. Reduktion durch Gesamtkorrektion.

$$\begin{array}{r} \mathrm{C}\ 78°\ 42'\\ \text{Gesamtkorrektion} = -\ 9'\\ \hline h = 78°\ 33'\\ z = 11°\ 27'. \end{array}$$

VIII.

Die Berechnung der geographischen Breite aus Meridianhöhen.

Wie wir im sechsten Kapitel gesehen, beruht die Berechnung der geographischen Breite auf einer einfachen Addition oder Subtraktion der beiden Größen: „Meridianzenitdistanz" (m) und „Deklination" (δ). Nach den an jener Stelle gegebenen Erklärungen bedurfte es aber der Unterscheidung von drei Fällen, je nachdem das Gestirn zwischen Horizont und Äquator, zwischen Äquator und Zenit oder endlich zwischen Zenit und erhöhtem Himmelspol kulminierte. Wir wollen nun für die praktische Breitenbestimmung diese Betrachtungen vereinfachen, und die Verschiedenheit der drei genannten Fälle durch ein gemeinsames, allen Fällen eigentümliches Verfahren ersetzen.

Zu diesem Zwecke versehen wir die durch Beobachtung nach Kapitel 6 gefundene und nach Kapitel 7 reduzierte wahre Höhe mit dem Namen „Nord" oder „Süd", je nachdem das Gestirn über dem Nord- oder Südpunkte des Horizontes beobachtet worden ist. So würde z. B. in Fig. 20 die dem Gestirnsorte D_1 und D_2 entsprechende Meridianhöhe den Namen „Süd", die dem Gestirnsorte D_3 entsprechende Meridianhöhe dagegen den Namen „Nord" erhalten, weil in den beiden ersten Fällen die Höhe über dem Punkte S, im letzten Falle über N gemessen worden ist. Da aber in jedem Falle das Gestirn zwischen dem Zenit und dem als Ausgangspunkt der Höhenmessung dienenden Punkt des Horizontes steht, so ist man berechtigt, der Zenitdistanz den entgegengesetzten Namen der zugehörigen Meridianhöhe zu geben. So hat z. B. die zu D_2 gehörige Meridianhöhe SD_2 den Namen „Süd", mithin die entsprechende Meridianzenitdistanz ZD_2 den Namen „Nord", weil das Zenit nördlich vom Gestirn steht. Das andere, für die Berechnung der Breite erforderliche Bestimmungsstück, die **Deklination des Gestirns** (der Abstand des Gestirns vom Äquator) hat ebenfalls den Namen „Nord" oder „Süd", je nachdem das Gestirn nördlich oder südlich vom Äquator steht; sie wird sowohl nach ihrem Betrage als auch mit ihrem Namen dem nautischen Jahrbuche entnommen. Wenn somit die Meridianzenitdistanz m und die Deklination δ mit ihren Namen bekannt sind, so erhält man die Breite, indem man m und δ **unter Berücksichtigung ihrer Namen** addiert, wie die folgenden Beispiele erläutern mögen:

1. $m = 60°$ N
   $\delta = 20°$ S
   $\varphi = 40°$ N

2. $m = 50°$ S
   $\delta = 10°$ N
   $\varphi = 40°$ S

3. $m = 18°$ N
   $\delta = 38°$ S
   $\varphi = 20°$ S

4. $m = 10°$ S
   $\delta = 28°$ N
   $\varphi = 18°$ N

5. $m = 23°$ N
   $\delta = 11°$ N
   $\varphi = 34°$ N

6. $m = 6°$ S
   $\delta = 12°$ S
   $\varphi = 18°$ S

Die Addition der beiden Größen m und δ geschieht also in derselben Weise, wie die Vereinigung von Vermögen und Schulden, Gewinn und Verlust und ähnlichen entgegengesetzten Begriffen.

Die im Vorstehenden erklärte Methode soll nun an Beispielen für die verschiedenen Gestirne näher erläutert werden.

1. Breitenbestimmung durch Meridianhöhen der Sonne.

a) Als erstes Beispiel möge die Berichtigung der Besteckbreite vom 10. September 1908 von Seite 53 durch die Meridianhöhe der Sonne gewählt werden.

Es sei beobachtet worden

☉ 44° 57′ S, Index-Korrektion = — 1′, aus 6 m Augeshöhe.

Zunächst soll die für die Zeit der Beobachtung, den wahren Ortsmittag, gültige Deklination der Sonne gefunden werden. Nach Seite 99, Spalte 2, ist dieselbe im wahren Greenwicher Mittag 5° 0′.0 N. Da aber der Ortsmittag an dem westlicher gelegenen Schiffsorte später fällt und die Deklination abnimmt, so muß von jenem, dem Jahrbuche entnommenen Werte eine Korrektion subtrahiert werden. Nach Seite 99, Spalte 3, beträgt diese Korrektion für jeden Grad Länge — 0′.0631, mithin für die Länge des Schiffsortes, 6°, 0′.4; folglich beträgt die Deklination für den wahren Ortsmittag 4° 59′.6 N.

Somit gestaltet sich die Rechnung in der folgenden Weise:

$$☉ \quad 44° \ 57′ \ S$$
$$\text{Ind.-Korr.} = — \quad 1$$
$$\text{Kimmabstand} = 44° \ 56′ \ S$$
$$\text{Ges.-Korr. (Tafel 6)} = + \quad 11 \quad \text{(auf volle Minuten)}$$
$$h = 45° \ 7′ \ S$$
$$z = 44° \ 53′ \ N$$
$$\delta = \quad 5 \quad 0′ \ N \quad \text{(auf volle Minuten)}$$
$$\varphi = 49° \ 53′ \ N$$

$$☉ \ \delta \ 10./9. \ 08.$$
$$\text{W Greenw. Mttg.} \quad 5° \ 0′.0 \ N$$
$$0.0631 \ . \ 6 = \quad 0′.4$$
$$4° \ 59′.6 \ N$$

Es zeigt sich also, daß die Besteckbreite um 2′ falsch war. Der genauere, durch astronomische Beobachtung gefundene Wert wird nun ebenfalls in das Journal eingetragen und zum Ausgangspunkt für die Breitenberechnung des Koppelkurses vom 10. bis zum 11. September gemacht.

b) Am 5. Januar 1908 beobachtete man in etwa 44° S und 96° O aus 7 m Augeshöhe im Meridian.

$$
\begin{array}{rl}
\odot & 68^0\ 53'\ N \\
\text{Ind.-Korr.} = & +\quad 3' \\ \hline
 & 68^0\ 56'\ N \\
\text{Ges.-Korr. (Tafel 7)} = & -\quad 21 \\ \hline
h = & 68^0\ 35'\ N \\ \hline
z = & 21^0\ 25'\ S \\
\delta = & 22\quad 46\ \ S \\ \hline
\varphi = & 44^0\ 11'\ S
\end{array}
$$

$$
\begin{array}{rl}
\odot\ \delta & 5./1.\ 08. \\
\text{W Greenw. Mttg.} & 22^0\ 44'.3\ S \\
0.0175\ .\ 96 = & 1'.7 \\ \hline
 & 22^0\ 46'\ \ S
\end{array}
$$

2. Breitenbestimmung durch Meridianhöhen von Firsternen.

Die Ermittelung der Deklination gestaltet sich ungemein einfach. Dieselbe ist für die auf See in Betracht kommenden Firsterne auf Seite 150—164 des nautischen Jahrbuches enthalten und von zehn zu zehn Tagen angegeben, so daß sie für das betreffende Datum direkt dieser Zusammenstellung entnommen werden kann.

a) Am 19. August 1908 beobachtete man in etwa 35° S und 39° O aus 8 m Augeshöhe im Meridian:

$$
\begin{array}{rl}
\text{Spica} & 65^0\ 44'\ N \\
\text{Ind.-Korr.} = & -\quad 2' \\ \hline
\text{Kimmabstand} = & 65^0\ 42'\ N \\
\text{(Tafel 5)} = & -\quad 5 \\ \hline
h = & 65^0\ 37'\ N \\ \hline
z = & 24^0\ 23'\ S \\
\delta = & 10\quad 41\ \ S\ \text{(Seite 159)} \\ \hline
\varphi = & 35^0\ \ 4'\ S
\end{array}
$$

b) Am 20. Oktober 1908 beobachtete man in etwa 15° S und 32° W aus 5 m Augeshöhe im Meridian:

```
        Fomalhaut  74° 56'  S
        Ind.-Korr. +   1'
                  ─────────
                   74° 57'  S
        (Tafel 5) −    4
                  ─────────
            h  =  74° 53'  S
            z  =  15°  7'  N
            δ  =  30    6  S  (Seite 164)
                  ─────────
            φ  =  14° 59'  S
```

3. Breitenbestimmung durch Meridianhöhen von Planeten.

Die Rechnung unterscheidet sich von den bisher behandelten Gestirnen ebenfalls nur durch die Ermittelung der Deklination und der Gesamtkorrektion für die Höhe.

Die für die Reduktion von Planetenbeobachtungen nötigen Rechnungselemente finden sich auf den Seiten XI und XII für jeden Monat im nautischen Jahrbuche.

a) Am 27. November 1908 beobachtete man in etwa 55° N und 55° W aus 7 m Augeshöhe im Meridian:

Jupiter 42° 18' S.   Index-Korrektion = + 3'.

Nach Seite XII des nautischen Jahrbuches beträgt die Deklination des Jupiter:

am 27. Nov. 1908 im mittleren Greenw. Mittag 7° 42'.3 N.

Durch Vergleichung mit den Werten für die benachbarten Mittage findet man, daß die Deklination abnimmt und zwar täglich um 2', was einer stündlichen Änderung von 0'.08 entspricht. Dieser Wert ist im Jahrbuche dem Werte der Deklination selbst beigefügt. Nun fällt aber die Beobachtung der Meridianhöhe des Jupiter an Bord nicht auf den mittleren Greenwicher Mittag, und man muß daher zunächst ermitteln, welcher Greenwicher Zeit die Beobachtung an Bord entspricht. Zu diesem Zwecke ist in der folgenden Spalte des Jahrbuches angegeben, daß die Kulmination des Jupiter um etwa 18½ Uhr, in Ortszeit angegeben, stattfindet. Hierbei ist zu berücksichtigen, daß bei der von 0 Uhr bis 24 Uhr durchgezählten, sogenannten astronomischen Zeitangabe das Datum um Mittag anfängt. Mithin ist die astronomische Ortszeit „18½ Uhr" gleichbedeutend mit der bürgerlich angegebenen Ortszeit „6½ Uhr morgens". Um diese letztere Zeit hat also an Bord die Beobachtung der Meridianhöhe des Jupiter stattgefunden. Da aber die Deklinationswerte für die Greenwicher Mittage angegeben sind, so muß man die Ortszeit der Beobachtung zunächst in Greenwicher Zeit verwandeln. Für diese Verwandlung ist zu berücksichtigen, daß bei je 15° Längenänderung nach Ost die Zeit sich um eine Stunde vergrößert. Wenn es in 45° West beispielsweise 8 Uhr morgens ist, so ist es in Greenwich 11 Uhr morgens. Nun ist in unserem Beispiel die Ortszeit der Beobachtung 6½ Uhr morgens, folglich ist es in Greenwich schon soviel später, als der Länge von 55° entspricht, also 3 Stunden 40 Minuten; mithin ist die mittlere Greenwicher Zeit der Beobachtung bei genügender Abrundung 10 Uhr morgens den 27. November. Wir haben somit den für den Greenwicher Mittag dem Jahrbuche entnommenen Deklinationswert 7° 42'.3 N für etwa zwei Stunden zu verbessern, d. h. weil die stündliche Änderung 0'.08 beträgt und die Deklination abnimmt, um 0'.16 zu vergrößern. So gelangt man zu der Deklination 7° 42'.5 N. Dies ist derjenige Wert, welcher für die Zeit der Beobachtung stattfand, und mit welchem daher auch die Berechnung der Breite durchgeführt werden muß.

Für die Ermittelung der wahren Höhe sind auf Seite 133 des nautischen Jahrbuches die Werte für den Halbmesser und für die Horizontal-Parallaxe angegeben. Der erstere wird aber nicht berücksichtigt, weil in dem Sextantenfernrohre die Planeten nicht als Scheiben, sondern als Punkte erscheinen, mithin auch keine Randhöhen, sondern Mittelpunktshöhen gemessen werden. Die Horizontalparallaxe der Planeten findet bei der Höhenreduktion Anwendung, doch ist der hier angegebene Wert von 2" so klein, daß er vernachlässigt werden kann.

Somit gestaltet sich die Anordnung für die Reduktion des vorliegenden Beispiels in der folgenden Weise:

Jupiter	42° 18' S
Ind.-Korr. =	+ 3'
	42° 21' S
(Tafel 5)	− 6
h =	42° 15' S
z =	47° 45' N
δ =	7° 42' N
φ =	55° 27' N

Mittl. Ortszeit 6½ Uhr morg. 27. Nov.
Länge ca. 3¾ Stunden W
───────────────────────────────
Mittl. Greenw. Zeit ca. 10ʰ morg. 27. Nov.
Deklination um Grw. Mittag 27. Nov 7° 42′.3 N
2 . 0′.08 =   0′.2
───────────────
7° 42′.5 N

4. Breitenbestimmung durch Meridianhöhen des Mondes.

Am 9. August 1908 beobachtet man in etwa 40° S und 120° O aus 4 m Augeshöhe im Meridian:

☾ 72° 45′ N; Jnd.-Korr. = — 2′.

Für die Ermittelung der zur Zeit der Beobachtung stattfindenden Deklination des Mondes ist das Verfahren dem bei Planeten üblichen analog; nur sind, weil der Mond seinen Ort am Himmel viel schneller ändert, die Deklinationen hier nicht von Tag zu Tag, sondern von Stunde zu Stunde angegeben und für die Durchführung der Rechnung ist ein höherer Genauigkeitsgrad erforderlich.

Zunächst muß wieder die Ortszeit für die Meridianpassage des Mondes am 9. August gefunden werden. Nach den Angaben von Seite 87 des nautischen Jahrbuches findet der Meridiandurchgang in Greenwich am 9. August um 9ʰ 51ᵐ.3 abends statt. Durch Vergleichung mit den Kulminationswerten der benachbarten Daten erkennt man, daß der Meridiandurchgang mit jedem Tage eine Verspätung gegen die Durchgangszeit des vorhergehenden Tages erleidet. Da nun der Mond, wie alle übrigen Gestirne, die Erde in der Richtung von Ost nach West umkreist (infolge der Achsendrehung der Erde von West nach Ost), so erleidet die Meridianpassage auf dem Wege des Mondes vom Greenwicher Meridian nach Westen zu eine Ver|spätung, nach Osten zu eine Verfrühung oder mit anderen Worten: Zu der dem Jahrbuche entnommenen Meridianpassage ist auf Westlänge eine Korrektion zu addieren, auf Ostlänge von ihr zu subtrahieren. Der Betrag dieser Korrektion ist für 1° Länge in der nachfolgenden Spalte des Jahrbuches angegeben. Für das obige Beispiel beträgt diese Änderung pro Grad Länge 0ᵐ.172; mithin für 120° im ganzen 20ᵐ.6. Diese Korrektion muß von 9ʰ 51ᵐ.3 subtrahiert werden. Dann erhält man die mittlere Ortszeit für den Meridiandurchgang an Bord zu $9^h 30^m.7$. Um diese mittlere Ortszeit in mittlere Greenwicher Zeit zu verwandeln, muß man acht Stunden (für je 15° Länge eine Stunde) subtrahieren, weil die Greenwicher Zeit kleiner ist als auf Ostlänge. So erhält man die mittlere Greenwicher Zeit $1^h 30^m.7$ nachmittags den 9. August 1908, doch genügt für die Praxis ein Abrunden auf volle Minuten.

Um nun für diese Greenwicher Zeit die Deklination des Mondes zu finden, benutzt man die auf den Seiten III bis X von jedem Monat angegebenen Werte. Nach Seite 90 ist die Deklination am 9. August um 1^h nachmittags mittlere Greenwicher Zeit 23° 33′.2 S. Dieser Wert nimmt zu und zwar nach der danebenstehenden Spalte in einer Minute um 0′.012, folglich in 30 Minuten um 0′.4, so daß der der Beobachtung entsprechende Wert der Monddeklination 23° 33′.6 S beträgt. Mit diesem ist die Breitenberechnung durchzuführen.

Für die Reduktion der Mondhöhe ist noch die Kenntnis der Horizontalparallaxe erforderlich. Diese ist auf Seite II in jedem Monat sowohl für mittleren Greenwicher Mittag als auch für mittlere Greenwicher Mitternacht angegeben. Im vorliegenden Falle nimmt man, damit die vorliegende Greenwicher Zeit von $1^h 30^m$ nachmittags 9. August zwischen die beiden benachbarten Jahrbuchszeiten fällt, die Horizontalparallaxe für den Greenwicher Mittag des 9. August und die darauf folgende Mitternacht aus. So ist nach Seite 87 des Jahrbuches die Horizontalparallaxe um Mittag 60′ 7″ und in der folgenden Mitternacht 60′ 30″, folglich für $1^h 30^m$ nachmittags 60′ 10″. Mit diesem Wert wird dann bei der Höhenverwandlung die Gesamtkorrektion aus Tafel 9 entnommen.

☾	72° 45′ N
Ind.-Korr. —	2
	72° 43′ N
(Tafel 9) +	30
Korr. wegen Augeshöhe +	1
h =	73° 14′ N
z =	16° 46′ S
δ =	23 34 S
φ =	40° 20′ S

Merid.-Paff. in Gr. 9ʰ 51ᵐ3 nachm. 9. August
120 . 0,172 = — 20.6
―――――――――――――――――――――――――
Merid.-Paff. am Ort 9ʰ 30ᵐ nachm. 9. August
Länge 8ʰ Oſt

Mittl. Gr. Zeit 1ʰ 30ᵐ nachm. 9. August
☾ δ 23° 33'.2 S um 1ʰ nachm. 9. August
30 . 0.012 = 0.4
―――――――――――――――――――――――――
☾ δ 23° 33'.6 S um 1ʰ 30ᵐ nachm. 9. August
Hor.-Par. 60' 7" um Mittag 9. August
„ 60' 30" um Mittern. 9./10. August
―――――――
23"
60' 10" um 1ʰ 30ᵐ nachm. 9. August.

Anhang.

Nr. 1. Die Mercator-Projektion. Um zu einem mathematischen Ausdruck für das Verhältnis zu kommen, in welchem die Meridiane und damit auch die Breitenparallele verschoben sind, möge in untenstehender Fig. 26 LU einen Bogen des Äquators und AW denjenigen eines Breitenparallels von der

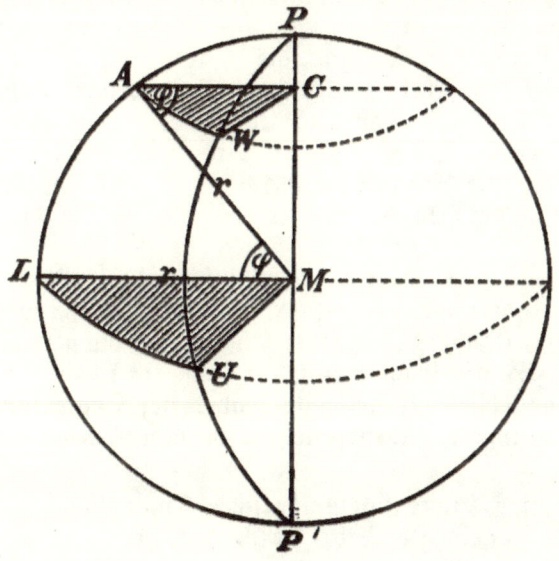

Fig. 26.

Breite φ zwischen denselben zwei Meridianen darstellen. Dann verhält sich

$$AW : LU = AC : LM$$
$$= r . \cos \varphi : r$$
$$AW = LU \cos \varphi \text{ und somit}$$
$$LU = AW . \sec \varphi.$$

Nr. 2. Die Knotenlängen. Bei dem auf Berechnen der Knotenlängen gerichteten Verfahren auf Seite 28 ist zu berücksichtigen, daß eine Reihe von Fehlerquellen, mit welchen das Problem behaftet ist, zu verschiedenen ausgleichenden Maßregeln geführt hat. Zunächst geht, wenn dem loggenden Offizier die den Vorläufer abschließende Marke durch die Hand gleitet und er dann sofort durch den Befehl „turn" die Anweisung zum Kehren des Loggeglases gibt, etwas Zeit verloren zwischen dem Moment, wo der Vorläufer durchgelaufen ist und dem Moment, wo der Sand des Glases durchzulaufen beginnt; und eine ähnliche Verzögerung findet statt von dem durch den Ausruf „stop" gekennzeichneten Moment, wo der Sand durchgelaufen ist, bis zu der Ausführung durch Festklemmen der Loggeleine. Beide Ursachen bewirken, daß zuviel Fahrt geloggt wird, und um dieselben unschädlich zu machen, verfuhr man früher so, daß man die Loggegläser für vierzehn Sekunden Laufzeit anfertigte, die Knotenlänge aber für ein Fünfzehn-Sekundenglas abmarkte. Eine weitere Fehlerquelle liegt in der Tatsache, daß das Loggebrett etwas nachschleppt, wodurch zuwenig Fahrt geloggt wird, und endlich wirkt der Umstand, daß die Loggeleine durch Wind und Seegang nicht immer steif angezogen ist, wieder vergrößernd auf die geloggte Distanz.

Auch sind die Knotenlängen infolge des Reckens oder Krimpens Änderungen unterworfen. Um dem Einfluß einer falschen Knotenlänge zu begegnen, muß man die geloggte Fahrt verbessern. Es ist leicht einzusehen, daß, je kürzer die Knotenlänge, desto größer die geloggte Fahrt ist; Knotenlängen und zugehörige geloggte Fahrten stehen im umgekehrten Verhältnis zueinander.

Richtige Knotenlänge : falscher Knotenlänge =
geloggte Fahrt : richtiger Fahrt.

Wenn z. B. mit einem Vierzehn-Sekundenglase bei 7,8 m Knotenlänge eine Fahrt von elf Knoten geloggt ist, so berechnet man die dem Glase entsprechende, richtige Knotenlänge zu $14 \cdot 0{,}5 = 7$ m. Dann ist

$$7 : 7{,}8 = 11 : x$$
$$x = \frac{7{,}8 \cdot 11}{7} = 12{,}2 \text{ Knoten.}$$

Nr. 3. Der Einfluß des Schiffsmagnetismus auf den Kompaß.

a) Unter dem Einfluß des Erdmagnetismus wird der Schiffsrumpf während des Baues selbst zu einem Magneten. Ist z. B. der Baukurs Süd, so entsteht vorn im Schiff ein magnetischer Südpol, hinten ein magnetischer Nordpol. Segelt ein solches Schiff Süd oder Nord, so können die Schiffspole keine Deviation hervorrufen, weil sie in der Verlängerung der Kompaßnadel selbst liegen. Auf östlichen und westlichen Kursen dagegen wirken sie rechtwinklig zur Nadel und lenken dieselbe ab; auf östlichen Kursen würde eine östliche, auf westlichen Kursen eine westliche Deviation hervorgerufen. Je näher der Kurs den Richtungen Nord oder Süd ist, desto geringer ist der Betrag der Deviation.

b) Auch die einzelnen Eisenteile in der Nähe des Kompasses sind durch den Erdmagnetismus magnetisch. Die **vertikalen** Eisenteile haben auf nördlicher Breite ihren magnetischen Nordpol unten, ihren magnetischen Südpol oben. Bei Kursänderung des Schiffes bleiben diese Pole an ihrem Orte liegen und daher wird die Wirkung derselben auf den Kompaß der unter a) betrachteten analog sein.

Für die horizontal angeordneten Eisenteile wird die Sachlage dadurch noch komplizierter, daß dieselben bei Kursänderungen ihre Lage gegen den magnetischen Meridian, mithin auch ihren magnetischen Zustand ändern. Das Resultat ist daher auch hier die Veränderung der durch horizontales Eisen hervorgerufenen Deviation mit der Kursveränderung des Schiffes.

Nr. 4. Feuer in der Kimm. Zur Tafel 2 gelangt man in folgender Weise:

In umstehender Fig. 27 bezeichnet H die Höhe des Feuers F und h die Augeshöhe des in A befindlichen Auges. Wenn das Feuer in der Kimm erscheint, ist AF Tangente zur Erdkugel. $AF = x + y$.

Bezeichnet man den Erdradius mit r, so ist

$$(2r + h) : x = x : h$$
$$x = \sqrt{(2r + h)h} = \sqrt{2rh}$$

(da man h gegen $2r$ wegen seiner Kleinheit vernachlässigen kann).

Setzt man $r = 6366738$ m, so ist
$$x = \sqrt{2 \cdot 6366738 \cdot h} = 3568\sqrt{h} \text{ Meter,}$$
oder in Seemeilen
$$x = \frac{3568}{1852}\sqrt{h} \text{ sml} = 1{,}927\sqrt{h} \text{ sml}$$

$$y = 1{,}927\sqrt{H} \text{ sml}$$

$$x + y = 1{,}927(\sqrt{H} + \sqrt{h}) \text{ sml.}$$

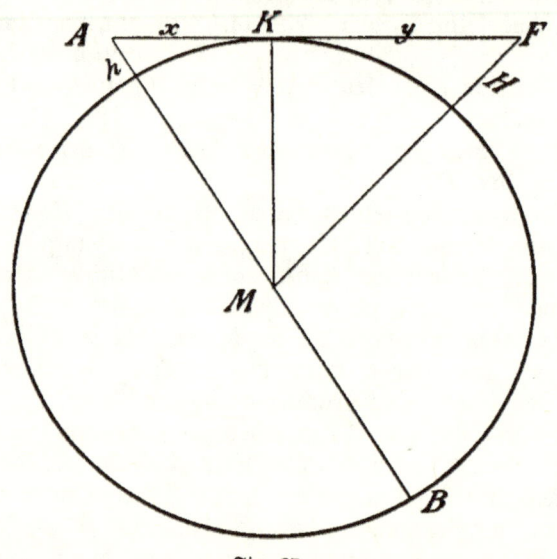

Fig. 27.

Durch die Strahlenbrechung werden alle Lichtstrahlen nach Angabe von Fig. 28 gekrümmt. Dies hat eine Vergrößerung

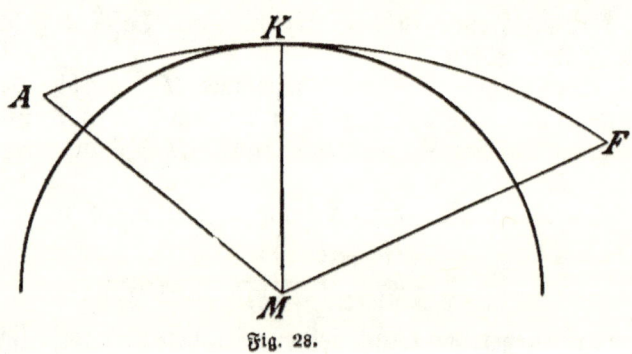

Fig. 28.

der Sichtweite des Feuers zur Folge, welche nach praktischen Versuchen etwa $^1/_{13}$ des oben angegebenen Wertes beträgt. Mithin ist der

$$\text{Abstand} = 2{,}075\,(\sqrt{H} + \sqrt{h})\ \text{sml}.$$

Nach dieser Formel ist Tafel 2 berechnet.

Nr. 5. Abweichung und Längenunterschied. Die in Nr. 1 ermittelte mathematische Beziehung gibt zugleich das Verhältnis der Abweichung zum Längenunterschied an:

$$a = l \cdot \cos \varphi.$$

Auf dieser Formel beruht die Berechnung von Tafel 3.

Nr. 6. Die Formeln des Kursdreiecks. Nach Fig. 19 ist

$$b = d \cdot \cos K$$
$$a = d \cdot \sin K.$$

Hiernach ist Tafel 4 berechnet. Da der Sinus eines Winkels gleich dem Cosinus seines Komplementwinkels ist, so ist die Abweichung für einen bestimmten Kurswinkel gleich dem Breitenunterschied für die Ergänzung zu 90°. Auf dieser Beziehung beruht die Möglichkeit, die Tafel 4 so anzuordnen, daß man für die Kurswinkel 1° bis 45° von oben, für die Kurswinkel 45° bis 89° von unten eingeht, wodurch der Umfang der Tafel auf die Hälfte reduziert wird.

Nr. 7. Die Parallelstellung der Spiegel des Sextanten. Um zu beweisen, daß, wenn die beiden Bilder eines und

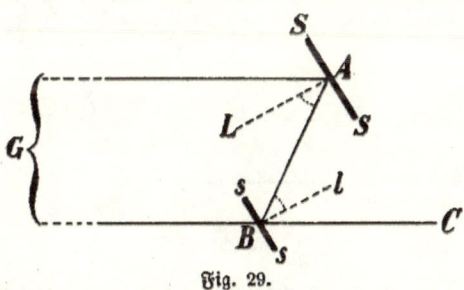

Fig. 29.

desselben genügend weit entfernten Gegenstandes sich decken, die Spiegel parallel zueinander stehen, verfährt man so:

Wenn in Fig. 29 der Gegenstand G so weit entfernt ist, daß die beiden Lichtstrahlen GA und GBC als parallel an-

geſehen werden können und das Auge ſich in C befindet, ſo
ſtellt GC den direkten Lichtſtrahl dar, während die drei Strecken
GA, AB und BC den Weg des doppelt reflektierten Licht-
ſtrahles angeben. Da $GA \parallel GC$ und BC mit GC zuſammen-
fällt, ſo iſt auch $GA \parallel BC$, folglich $\sphericalangle GAB = \sphericalangle ABC$ als
Wechſelwinkel. Nun wird aber nach dem Reflexionsgeſetz der
Winkel GAB durch das Einfallslot AL halbiert und ebenſo
der Winkel ABC durch das Einfallslot Bl, folglich iſt auch
$$\sphericalangle LAB = \sphericalangle ABl,$$
mithin $AL \parallel Bl$ und daher auch $SS \parallel ss$.

Nr. 8. Die Drehung der Alhidade. Um zu beweiſen,
daß bei der Koinzidenz der Bilder zweier Objekte der Winkel
zwiſchen dieſen doppelt ſo groß iſt als der Winkel, um welchen
die Alhidade aus der Null-Lage herausgedreht iſt, möge in

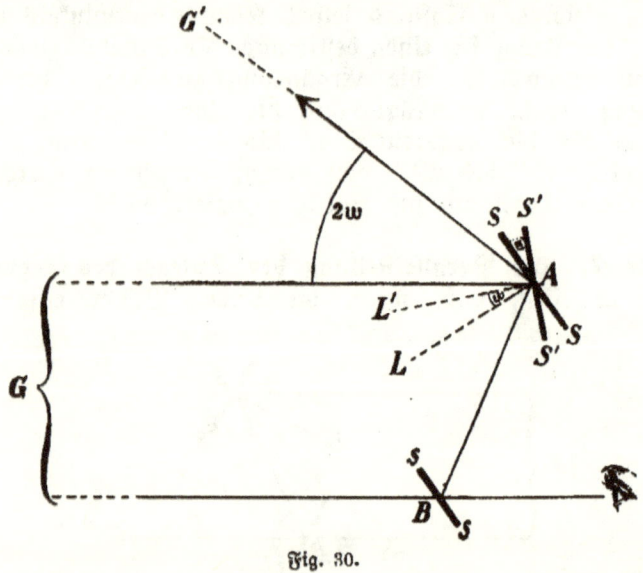

Fig. 30.

Fig. 30 SS die zu ss parallele Lage des großen Spiegels
angeben, wobei das Einfallslot die Lage LA einnimmt. Wird
nun die Alhidade und mit ihr der große Spiegel um den
Winkel w gedreht in die Lage $S'S'$, ſo dreht ſich das Einfallslot um denſelben Winkel. Dadurch wird, weil die Lage

des reflektierten Lichtstrahls AB dieselbe bleibt, der Ausfallswinkel um w vergrößert; folglich vergrößert sich auch der Einfallswinkel um w; mithin wird der einfallende Lichtstrahl GA um den Winkel $2w$ gedreht in die Lage $G'A$ hinein. Hieraus folgt, daß dem Winkel $2w$ zwischen den beiden Objekten G und G' eine Alhibadendrehung um den Winkel w entspricht.

Nr. 9. Die Formel der Kimmtiefe. In Fig. 31 bezeichnen O das Auge des Beobachters mit der Augeshöhe h,

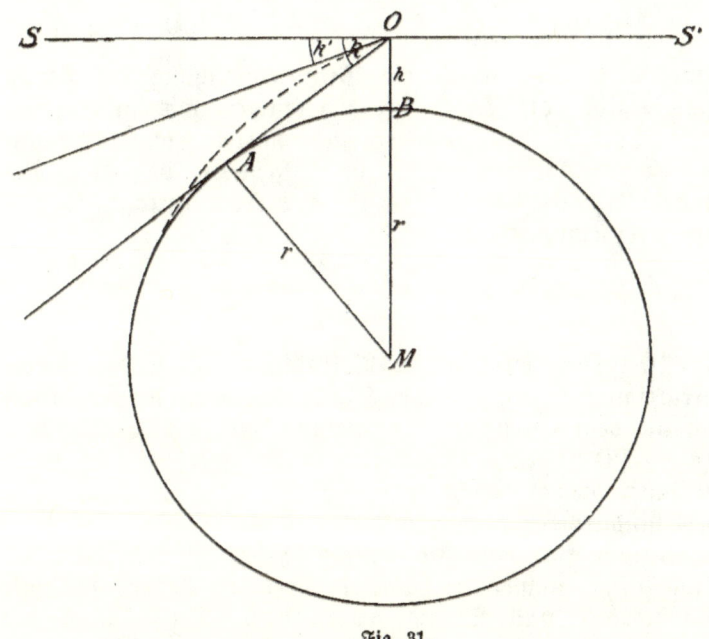

Fig. 31.

SS' den scheinbaren Horizont und OA die von O an die Erdoberfläche gezogene Tangente. Dann ist $SOA = k$ die Kimmtiefe. Da $\angle M$ denselben Komplementwinkel hat, wie $\angle k$, so ist $\angle k = \angle M$, und da ferner der Bogen AB, in Seemeilen gemessen, gleich dem Zentriwinkel M, in Bogenminuten gemessen, ist, so ist

$$k \text{ in Minuten} = AB \text{ in Seemeilen.}$$

Ersetzt man nun AB durch AO, so ist nach Pythagoras

$$AO = \sqrt{(r+h)^2 - r^2} = \sqrt{2rh + h^2}.$$

Da aber h^2-gegen $2rh$ verschwindend klein ist, so folgt

$$AO = \sqrt{2rh} = \sqrt{2r} \cdot \sqrt{h}.$$

Gibt man r in Metern an, so ist

$$AO = \sqrt{12733476} \cdot \sqrt{h} = 3568{,}4 \sqrt{h}.$$

Um endlich AO in Seemeilen zu erhalten, ist

$$AO_{(sml)} = \frac{3568{,}4}{1852} \sqrt{h_{(m)}} = 1{.}93 \sqrt{h_{(m)}}.$$

Nun wird aber durch die Strahlenbrechung die Kimm gehoben, folglich die Kimmtiefe verkleinert, wie in Fig. 31 durch den Verlauf des punktiert gezeichneten Lichtstrahls angegeben. Durch Beobachtungen ist festgestellt, daß diese Reduktion der Kimmtiefe etwa $1/13$ ihres Wertes beträgt, so daß die scheinbare Kimmtiefe k' wird.

$$k' = 1'{.}78 \cdot \sqrt{h_{(m)}}.$$

Nr. 10. Korrektionen der Refraktion. Daß die Werte der Refraktion mit zunehmender Höhe abnehmen müssen, kann man sich an dem Grenzfall klarmachen, wo das Gestirn im Zenit ($h = 90°$) steht. In diesem Falle fällt der Lichtstrahl senkrecht auf die atmosphärische Schicht auf und geht ungebrochen hindurch.

Aber auch für ein und dieselbe Höhe ist der Wert der Refraktion nicht immer derselbe, sondern er ändert sich mit dem Barometer- und Thermometerstande. Da nämlich die Strahlenbrechung um so größer ist, je dichter die Luft ist, so muß die Refraktion mit steigendem Barometer zunehmen, mit steigendem Thermometer dagegen abnehmen, weil einer höheren Temperatur eine dünnere Luft entspricht. Aus diesem Grunde sind bei sehr genauen Beobachtungen an die aus Tafel 16a des nautischen Jahrbuches zu entnehmenden Werte der mittleren Strahlenbrechung noch die aus Tafel 16b ersichtlichen Berichtigungen für Thermometerstand und die in Tafel 16c angegebenen Berichtigungen für Barometerstand anzubringen.

Nr. 11. Die Formel der Höhenparallaxe. Um zu ermitteln, wie die Höhenparallaxe eines Gestirns von der aus dem nautischen Jahrbuche zu entnehmenden Horizontalparallaxe abhängt, möge nach Angabe von Fig. 32 die Horizontalparallaxe bei dem im scheinbaren Horizonte stehenden Gestirn mit P, die Höhenparallaxe für das in einer beliebigen scheinbaren

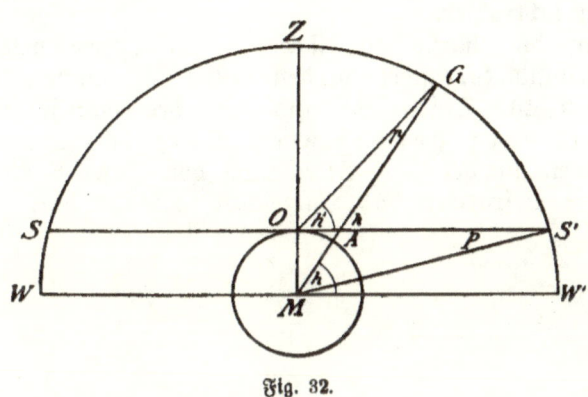

Fig. 32.

Höhe h' stehende Gestirn G dagegen mit p bezeichnet werden, dann ist im Dreieck OMS'

$$\sin P = \frac{MO}{MS'} = \frac{MO}{MG}$$

Im Dreieck OMG ist nach der Sinusregel

$$\frac{MO}{MG} = \frac{\sin p}{\sin(90° + h')} = \frac{\sin p}{\cos h'}, \text{ folglich}$$

$$\sin P = \frac{\sin p}{\cos h'}$$

$$\sin p = \sin P \cdot \cos h'.$$

Da nun bei kleinen Winkeln die Sinusse den Winkeln selbst proportional gesetzt werden können, so ist endlich

$$p = P \cdot \cos h'.$$

Nr. 12. Die Berechnung von Tafel 8. Die Werte der Tafel 8 stellen die Differenz (Höhenparallaxe — Refraktion) für den Mond dar. Man berechnet dieselben also, indem man zunächst die Werte der oben angegebenen Horizontalparallaxe des Mondes mit dem Cosinus der linksstehenden scheinbaren Höhe multipliziert und von dem Produkt die aus Tafel 16a des nautischen Jahrbuches zu entnehmende mittlere Refraktion subtrahiert.

Wenn die Werte der Tafel 8 für Thermometer- und Barometerstand korrigiert werden sollen, so müssen die Berichtigungen aus Tafel 16b und 16c des nautischen Jahrbuches mit entgegengesetztem Vorzeichen angebracht werden, weil in der der Berechnung von Tafel 8 dienenden Formel die Refraktion das Vorzeichen „minus" hat.

Tafel 1. Verwandlung von Strichmaß in Gradmaß.

Striche	0	1/8	1/4	3/8	1/2	5/8	3/4	7/8
0	0° 0'	1° 24'	2° 49'	4° 13'	5° 37'	7° 2'	8° 26'	9° 51'
1	11 15	12 39	14 4	15 28	16 52	18 17	19 41	21 6
2	22 30	23 54	25 19	26 43	28 7	29 32	30 56	32 21
3	33 45	35 9	36 34	37 58	39 22	40 47	42 11	43 36
4	45 0	46 24	47 49	49 13	50 37	52 2	53 26	54 51
5	56 15	57 39	59 4	60 28	61 52	63 17	64 41	66 6
6	67 30	68 54	70 19	71 43	73 7	74 32	75 56	77 21
7	78 45	80 9	81 34	82 58	84 22	85 47	87 11	88 36

Tafel 2. Sichtweite eines Feuers in der Kimm.

Höhe des Feuers	Augeshöhe						
	0ᵐ	3ᵐ	6ᵐ	9ᵐ	12ᵐ	15ᵐ	18ᵐ
5ᵐ	4.6	8.2	9.7	10.9	11.9	12.7	13.5
10	6.6	10.2	11.7	12.8	13.8	14.6	15.4
15	8.1	11.7	13.2	14.3	15.3	16.1	16.9
20	9.3	12.9	14.4	15.5	16.5	17.4	18.1
25	10.4	14.0	15.5	16.6	17.6	18.5	19.2
30	11.4	15.0	16.5	17.6	18.6	19.5	20.2
35	12.3	15.9	17.4	18.5	19.5	20.4	21.1
40	13.2	16.8	18.3	19.4	20.4	21.2	22.0
45	14.0	17.6	19.1	20.2	21.2	22.0	22.8
50	14.7	18.3	19.8	20.9	21.9	22.8	23.5
55	15.4	19.0	20.5	21.7	22.6	23.5	24.2
60	16.1	19.7	21.2	22.4	23.3	24.2	24.9
65	16.8	20.4	21.9	23.0	24.0	24.8	25.6
70	17.4	21.0	22.5	23.6	24.6	25.5	26.2
75	18.0	21.6	23.1	24.2	25.2	26.1	26.8
80	18.6	22.2	23.7	24.8	25.8	26.7	27.4
85	19.2	22.8	24.3	25.4	26.4	27.3	28.0
90	19.7	23.3	24.8	26.0	26.9	27.8	28.5
95	20.3	23.9	25.4	26.5	27.5	28.3	29.1
100	20.8	24.5	25.9	27.0	28.0	28.9	29.6
125	23.3	26.9	28.4	29.5	30.5	31.3	32.1
150	25.5	29.1	30.6	31.7	32.7	33.5	34.3
175	27.5	31.1	32.6	33.7	34.7	35.6	36.3
200	29.4	33.0	34.5	35.7	36.6	37.5	38.2

Tafel 3. Verwandlung von Abweichung in Längenunterschied.

Breite	1sm	2sm	3sm	4sm	5sm	6sm	7sm	8sm	9sm
° ′	′	′	′	′	′	′	′	′	′
0 0	1.00	2.00	3.00	4.00	5.00	6.00	7.00	8.00	9.00
5 0	1.00	2.01	3.01	4.02	5.02	6.02	7.03	8.03	9.03
10 0	1.02	2.03	3.05	4.06	5.08	6.09	7.11	8.12	9.14
12 0	1.02	2.04	3.07	4.09	5.11	6.13	7.16	8.18	9.20
14 0	1.03	2.06	3.09	4.12	5.15	6.18	7.21	8.24	9.28
15 0	1.04	2.07	3.11	4.14	5.18	6.21	7.25	8.28	9.32
16 0	1.04	2.08	3.12	4.16	5.20	6.24	7.28	8.32	9.36
17 0	1.05	2.09	3.14	4.18	5.23	6.27	7.32	8.37	9.41
18 0	1.05	2.10	3.15	4.21	5.26	6.31	7.36	8.41	9.46
19 0	1.06	2.12	3.17	4.23	5.29	6.35	7.40	8.46	9.52
20 0	1.06	2.13	3.19	4.26	5.32	6.39	7.45	8.51	9.58
21 0	1.07	2.14	3.21	4.28	5.36	6.43	7.50	8.57	9.64
22 0	1.08	2.16	3.24	4.31	5.39	6.47	7.55	8.63	9.71
23 0	1.09	2.17	3.26	4.35	5.43	6.52	7.60	8.69	9.78
24 0	1.09	2.19	3.28	4.38	5.47	6.57	7.66	8.76	9.85
25 0	1.10	2.21	3.31	4.41	5.52	6.62	7.72	8.83	9.93
26 0	1.11	2.23	3.34	4.45	5.56	6.68	7.79	8.90	10.01
27 0	1.12	2.24	3.37	4.49	5.61	6.73	7.86	8.98	10.10
28 0	1.13	2.27	3.40	4.53	5.66	6.80	7.93	9.06	10.19
29 0	1.14	2.29	3.43	4.57	5.72	6.86	8.00	9.15	10.29
30 0	1.15	2.31	3.46	4.62	5.77	6.93	8.08	9.24	10.39
31 0	1.17	2.33	3.50	4.67	5.83	7.00	8.17	9.33	10.50
32 0	1.18	2.36	3.54	4.72	5.90	7.08	8.25	9.43	10.61
33 0	1.19	2.38	3.58	4.77	5.96	7.15	8.35	9.54	10.73
34 0	1.21	2.41	3.62	4.82	6.03	7.24	8.44	9.65	10.86
35 0	1.22	2.44	3.66	4.88	6.10	7.32	8.55	9.77	10.99
36 0	1.24	2.47	3.71	4.94	6.18	7.42	8.65	9.89	11.12
37 0	1.25	2.50	3.76	5.01	6.26	7.51	8.76	10.02	11.27
38 0	1.27	2.54	3.81	5.08	6.35	7.61	8.88	10.15	11.42
39 0	1.29	2.57	3.86	5.15	6.43	7.72	9.01	10.29	11.58
40 0	1.31	2.61	3.92	5.22	6.53	7.83	9.14	10.44	11.75
41 0	1.33	2.65	3.98	5.30	6.63	7.95	9.28	10.60	11.93
42 0	1.35	2.69	4.04	5.38	6.73	8.07	9.42	10.77	12.11

Tafel 3. Verwandlung von Abweichung in Längenunterschied.

Breite	1sm	2sm	3sm	4sm	5sm	6sm	7sm	8sm	9sm
° ′	′	′	′	′	′	′	′	′	′
43 0	1.37	2.73	4.10	5.47	6.84	8.20	9.57	10.94	12.31
30	1.38	2.76	4.14	5.51	6.89	8.27	9.65	11.03	12.41
44 0	1.39	2.78	4.17	5.56	6.95	8.34	9.73	11.12	12.51
30	1.40	2.80	4.21	5.61	7.01	8.41	9.81	11.22	12.62
45 0	1.41	2.83	4.24	5.66	7.07	8.49	9.90	11.31	12.73
30	1.43	2.85	4.28	5.71	7.13	8.56	9.99	11.41	12.84
46 0	1.44	2.88	4.32	5.76	7.20	8.64	10.08	11.52	12.96
30	1.45	2.91	4.36	5.81	7.26	8.72	10.17	11.62	13.08
47 0	1.47	2.93	4.40	5.87	7.33	8.80	10.26	11.73	13.20
30	1.48	2.96	4.44	5.92	7.40	8.88	10.36	11.84	13.32
48 0	1.49	2.99	4.48	5.98	7.47	8.97	10.46	11.96	13.45
30	1.51	3.02	4.53	6.04	7.55	9.06	10.56	12.07	13.58
49 0	1.52	3.05	4.57	6.10	7.62	9.15	10.67	12.19	13.72
30	1.54	3.08	4.62	6.16	7.70	9.24	10.78	12.32	13.86
50 0	1.56	3.11	4.67	6.22	7.78	9.33	10.89	12.45	14.00
30	1.57	3.14	4.72	6.29	7.86	9.43	11.00	12.58	14.15
51 0	1.59	3.18	4.77	6.36	7.95	9.53	11.12	12.71	14.30
30	1.61	3.21	4.82	6.43	8.03	9.64	11.24	12.85	14.46
52 0	1.62	3.25	4.87	6.50	8.12	9.75	11.37	12.99	14.62
30	1.64	3.29	4.93	6.57	8.21	9.86	11.50	13.14	14.78
53 0	1.66	3.32	4.98	6.65	8.31	9.97	11.63	13.29	14.95
30	1.68	3.36	5.04	6.73	8.41	10.09	11.77	13.45	15.13
54 0	1.70	3.40	5.10	6.81	8.51	10.21	11.91	13.61	15.31
30	1.72	3.44	5.17	6.89	8.61	10.33	12.05	13.78	15.50
55 0	1.74	3.49	5.23	6.97	8.72	10.46	12.20	13.95	15.69
30	1.76	3.53	5.29	7.06	8.83	10.59	12.36	14.13	15.89
56 0	1.79	3.58	5.36	7.15	8.94	10.73	12.52	14.31	16.09
30	1.81	3.62	5.44	7.25	9.06	10.87	12.68	14.50	16.31
57 0	1.84	3.67	5.51	7.34	9.18	11.02	12.85	14.69	16.52
30	1.86	3.72	5.58	7.44	9.31	11.17	13.03	14.89	16.75
58 0	1.89	3.77	5.66	7.55	9.44	11.32	13.21	15.10	16.98
30	1.91	3.83	5.74	7.66	9.57	11.48	13.40	15.31	17.22
59 0	1.94	3.88	5.82	7.77	9.71	11.65	13.59	15.53	17.47

Tafel 4. Gradtafel.

d.	1°		2°		3°		4°		5°	
	b.	a.	b.	a.	b.	a.	b.	a.	b.	a.
1	1.0	0.0	1.0	0.0	1.0	0.1	1.0	0.1	1.0	0.1
2	2.0	0.0	2.0	0.1	2.0	0.1	2.0	0.1	2.0	0.2
3	3.0	0.1	3.0	0.1	3.0	0.2	3.0	0.2	3.0	0.3
4	4.0	0.1	4.0	0.1	4.0	0.2	4.0	0.3	4.0	0.3
5	5.0	0.1	5.0	0.2	5.0	0.3	5.0	0.3	5.0	0.4
6	6.0	0.1	6.0	0.2	6.0	0.3	6.0	0.4	6.0	0.5
7	7.0	0.1	7.0	0.2	7.0	0.4	7.0	0.5	7.0	0.6
8	8.0	0.1	8.0	0.3	8.0	0.4	8.0	0.6	8.0	0.7
9	9.0	0.2	9.0	0.3	9.0	0.5	9.0	0.6	9.0	0.8
10	10.0	0.2	10.0	0.3	10.0	0.5	10.0	0.7	10.0	0.9
11	11.0	0.2	11.0	0.4	11.0	0.6	11.0	0.8	11.0	1.0
12	12.0	0.2	12.0	0.4	12.0	0.6	12.0	0.8	12.0	1.0
13	13.0	0.2	13.0	0.5	13.0	0.7	13.0	0.9	13.0	1.1
14	14.0	0.2	14.0	0.5	14.0	0.7	14.0	1.0	13.9	1.2
15	15.0	0.3	15.0	0.5	15.0	0.8	15.0	1.0	14.9	1.3
16	16.0	0.3	16.0	0.6	16.0	0.8	16.0	1.1	15.9	1.4
17	17.0	0.3	17.0	0.6	17.0	0.9	17.0	1.2	16.9	1.5
18	18.0	0.3	18.0	0.6	18.0	0.9	18.0	1.3	17.9	1.6
19	19.0	0.3	19.0	0.7	19.0	1.0	19.0	1.3	18.9	1.7
20	20.0	0.3	20.0	0.7	20.0	1.0	20.0	1.4	19.9	1.7
21	21.0	0.4	21.0	0.7	21.0	1.1	20.9	1.5	20.9	1.8
22	22.0	0.4	22.0	0.8	22.0	1.2	21.9	1.5	21.9	1.9
23	23.0	0.4	23.0	0.8	23.0	1.2	22.9	1.6	22.9	2.0
24	24.0	0.4	24.0	0.8	24.0	1.3	23.9	1.7	23.9	2.1
25	25.0	0.4	25.0	0.9	25.0	1.3	24.9	1.7	24.9	2.2
26	26.0	0.5	26.0	0.9	26.0	1.4	25.9	1.8	25.9	2.3
27	27.0	0.5	27.0	0.9	27.0	1.4	26.9	1.9	26.9	2.4
28	28.0	0.5	28.0	1.0	28.0	1.5	27.9	2.0	27.9	2.4
29	29.0	0.5	29.0	1.0	29.0	1.5	28.9	2.0	28.9	2.5
30	30.0	0.5	30.0	1.0	30.0	1.6	29.9	2.1	29.9	2.6
31	31.0	0.5	31.0	1.1	31.0	1.6	30.9	2.2	30.9	2.7
32	32.0	0.6	32.0	1.1	32.0	1.7	31.9	2.2	31.9	2.8
33	33.0	0.6	33.0	1.2	33.0	1.7	32.9	2.3	32.9	2.9
34	34.0	0.6	34.0	1.2	34.0	1.8	33.9	2.4	33.9	3.0
35	35.0	0.6	35.0	1.2	35.0	1.8	34.9	2.4	34.9	3.1
36	36.0	0.6	36.0	1.3	36.0	1.9	35.9	2.5	35.9	3.1
37	37.0	0.6	37.0	1.3	36.9	1.9	36.9	2.6	36.9	3.2
38	38.0	0.7	38.0	1.3	37.9	2.0	37.9	2.7	37.9	3.3
39	39.0	0.7	39.0	1.4	38.9	2.0	38.9	2.7	38.9	3.4
40	40.0	0.7	40.0	1.4	39.9	2.1	39.9	2.8	39.8	3.5
d.	a.	b.	a.	b.	a.	b.	a.	b.	a.	b.
	89°		88°		87°		86°		85°	

Tafel 4. Gradtafel.

d.	1°		2°		3°		4°		5°	
	b.	a.	b.	a.	b.	a.	b.	a.	b.	a.
41	41.0	0.7	41.0	1.4	40.9	2.1	40.9	2.9	40.8	3.6
42	42.0	0.7	42.0	1.5	41.9	2.2	41.9	2.9	41.8	3.7
43	43.0	0.8	43.0	1.5	42.9	2.3	42.9	3.0	42.8	3.7
44	44.0	0.8	44.0	1.5	43.9	2.3	43.9	3.1	43.8	3.8
45	45.0	0.8	45.0	1.6	44.9	2.4	44.9	3.1	44.8	3.9
46	46.0	0.8	46.0	1.6	45.9	2.4	45.9	3.2	45.8	4.0
47	47.0	0.8	47.0	1.6	46.9	2.5	46.9	3.3	46.8	4.1
48	48.0	0.8	48.0	1.7	47.9	2.5	47.9	3.3	47.8	4.2
49	49.0	0.9	49.0	1.7	48.9	2.6	48.9	3.4	48.8	4.3
50	50.0	0.9	50.0	1.7	49.9	2.6	49.9	3.5	49.8	4.4
51	51.0	0.9	51.0	1.8	50.9	2.7	50.9	3.6	50.8	4.4
52	52.0	0.9	52.0	1.8	51.9	2.7	51.9	3.6	51.8	4.5
53	53.0	0.9	53.0	1.8	52.9	2.8	52.9	3.7	52.8	4.6
54	54.0	0.9	54.0	1.9	53.9	2.8	53.9	3.8	53.8	4.7
55	55.0	1.0	55.0	1.9	54.9	2.9	54.9	3.8	54.8	4.8
56	56.0	1.0	56.0	2.0	55.9	2.9	55.9	3.9	55.8	4.9
57	57.0	1.0	57.0	2.0	56.9	3.0	56.9	4.0	56.8	5.0
58	58.0	1.0	58.0	2.0	57.9	3.0	57.9	4.0	57.8	5.1
59	59.0	1.0	59.0	2.1	58.9	3.1	58.9	4.1	58.8	5.1
60	60.0	1.0	60.0	2.1	59.9	3.1	59.9	4.2	59.8	5.2
61	61.0	1.1	61.0	2.1	60.9	3.2	60.9	4.3	60.8	5.3
62	62.0	1.1	62.0	2.2	61.9	3.2	61.8	4.3	61.8	5.4
63	63.0	1.1	63.0	2.2	62.9	3.3	62.8	4.4	62.8	5.5
64	64.0	1.1	64.0	2.2	63.9	3.3	63.8	4.5	63.8	5.6
65	65.0	1.1	65.0	2.3	64.9	3.4	64.8	4.5	64.8	5.7
66	66.0	1.2	66.0	2.3	65.9	3.5	65.8	4.6	65.7	5.8
67	67.0	1.2	67.0	2.3	66.9	3.5	66.8	4.7	66.7	5.8
68	68.0	1.2	68.0	2.4	67.9	3.6	67.8	4.7	67.7	5.9
69	69.0	1.2	69.0	2.4	68.9	3.6	68.8	4.8	68.7	6.0
70	70.0	1.2	70.0	2.4	69.9	3.7	69.8	4.9	69.7	6.1
71	71.0	1.2	71.0	2.5	70.9	3.7	70.8	5.0	70.7	6.2
72	72.0	1.3	72.0	2.5	71.9	3.8	71.8	5.0	71.7	6.3
73	73.0	1.3	73.0	2.5	72.9	3.8	72.8	5.1	72.7	6.4
74	74.0	1.3	74.0	2.6	73.9	3.9	73.8	5.2	73.7	6.4
75	75.0	1.3	75.0	2.6	74.9	3.9	74.8	5.2	74.7	6.5
76	76.0	1.3	76.0	2.7	75.9	4.0	75.8	5.3	75.7	6.6
100	100.0	1.7	99.9	3.5	99.9	5.2	99.8	7.0	99.6	8.7
200	200.0	3.5	199.9	7.0	199.7	10.5	199.5	14.0	199.2	17.4
300	300.0	5.2	299.8	10.5	299.6	15.7	299.3	20.9	298.9	26.1
400	399.9	7.0	399.7	13.9	399.4	20.9	399.0	27.9	398.5	34.9
d.	a.	b.	a.	b.	a.	b.	a.	b.	a.	b.
	89°		88°		87°		86°		85°	

— 100 —

Tafel 4. Gradtafel.

d.	6°		7°		8°		9°		10°	
	b.	a.	b.	a.	b.	a.	b.	a.	b.	a.
1	1.0	0.1	1.0	0.1	1.0	0.1	1.0	0.2	1.0	0.2
2	2.0	0.2	2.0	0.2	2.0	0.3	2.0	0.3	2.0	0.3
3	3.0	0.3	3.0	0.4	3.0	0.4	3.0	0.5	3.0	0.5
4	4.0	0.4	4.0	0.5	4.0	0.6	4.0	0.6	3.9	0.7
5	5.0	0.5	5.0	0.6	5.0	0.7	4.9	0.8	4.9	0.9
6	6.0	0.6	6.0	0.7	5.9	0.8	5.9	0.9	5.9	1.0
7	7.0	0.7	6.9	0.9	6.9	1.0	6.9	1.1	6.9	1.2
8	8.0	0.8	7.9	1.0	7.9	1.1	7.9	1.3	7.9	1.4
9	9.0	0.9	8.9	1.1	8.9	1.3	8.9	1.4	8.9	1.6
10	9.9	1.0	9.9	1.2	9.9	1.4	9.9	1.6	9.8	1.7
11	10.9	1.1	10.9	1.3	10.9	1.5	10.9	1.7	10.8	1.9
12	11.9	1.3	11.9	1.5	11.9	1.7	11.9	1.9	11.8	2.1
13	12.9	1.4	12.9	1.6	12.9	1.8	12.8	2.0	12.8	2.3
14	13.9	1.5	13.9	1.7	13.9	1.9	13.8	2.2	13.8	2.4
15	14.9	1.6	14.9	1.8	14.9	2.1	14.8	2.3	14.8	2.6
16	15.9	1.7	15.9	1.9	15.8	2.2	15.8	2.5	15.8	2.8
17	16.9	1.8	16.9	2.1	16.8	2.4	16.8	2.7	16.7	3.0
18	17.9	1.9	17.9	2.2	17.8	2.5	17.8	2.8	17.7	3.1
19	18.9	2.0	18.9	2.3	18.8	2.6	18.8	3.0	18.7	3.3
20	19.9	2.1	19.9	2.4	19.8	2.8	19.8	3.1	19.7	3.5
21	20.9	2.2	20.8	2.6	20.8	2.9	20.7	3.3	20.7	3.6
22	21.9	2.3	21.8	2.7	21.8	3.1	21.7	3.4	21.7	3.8
23	22.9	2.4	22.8	2.8	22.8	3.2	22.7	3.6	22.7	4.0
24	23.9	2.5	23.8	2.9	23.8	3.3	23.7	3.8	23.6	4.2
25	24.9	2.6	24.8	3.0	24.8	3.5	24.7	3.9	24.6	4.3
26	25.9	2.7	25.8	3.2	25.7	3.6	25.7	4.1	25.6	4.5
27	26.9	2.8	26.8	3.3	26.7	3.8	26.7	4.2	26.6	4.7
28	27.8	2.9	27.8	3.4	27.7	3.9	27.7	4.4	27.6	4.9
29	28.8	3.0	28.8	3.5	28.7	4.0	28.6	4.5	28.6	5.0
30	29.8	3.1	29.8	3.7	29.7	4.2	29.6	4.7	29.5	5.2
31	30.8	3.2	30.8	3.8	30.7	4.3	30.6	4.8	30.5	5.4
32	31.8	3.3	31.8	3.9	31.7	4.5	31.6	5.0	31.5	5.6
33	32.8	3.4	32.8	4.0	32.7	4.6	32.6	5.2	32.5	5.7
34	33.8	3.6	33.7	4.1	33.7	4.7	33.6	5.3	33.5	5.9
35	34.8	3.7	34.7	4.3	34.7	4.9	34.6	5.5	34.5	6.1
36	35.8	3.8	35.7	4.4	35.6	5.0	35.6	5.6	35.5	6.3
37	36.8	3.9	36.7	4.5	36.6	5.1	36.5	5.8	36.4	6.4
38	37.8	4.0	37.7	4.6	37.6	5.3	37.5	5.9	37.4	6.6
39	38.8	4.1	38.7	4.8	38.6	5.4	38.5	6.1	38.4	6.8
40	39.8	4.2	39.7	4.9	39.6	5.6	39.5	6.3	39.4	6.9
d.	a.	b.	a.	b.	a.	b.	a.	b.	a.	b.
	84°		83°		82°		81°		80°	

— 101 —

Tafel 4. Gradtafel.

d.	6°		7°		8°		9°		10°	
	b.	a.	b.	a.	b.	a.	b.	a.	b.	a.
41	40.8	4.3	40.7	5.0	40.6	5.7	40.5	6.4	40.4	7.1
42	41.8	4.4	41.7	5.1	41.6	5.8	41.5	6.6	41.4	7.3
43	42.8	4.5	42.7	5.2	42.6	6.0	42.5	6.7	42.3	7.5
44	43.8	4.6	43.7	5.4	43.6	6.1	43.5	6.9	43.3	7.6
45	44.8	4.7	44.7	5.5	44.6	6.3	44.4	7.0	44.3	7.8
46	45.7	4.8	45.7	5.6	45.6	6.4	45.4	7.2	45.3	8.0
47	46.7	4.9	46.6	5.7	46.5	6.5	46.4	7.4	46.3	8.2
48	47.7	5.0	47.6	5.8	47.5	6.7	47.4	7.5	47.3	8.3
49	48.7	5.1	48.6	6.0	48.5	6.8	48.4	7.7	48.3	8.5
50	49.7	5.2	49.6	6.1	49.5	7.0	49.4	7.8	49.2	8.7
51	50.7	5.3	50.6	6.2	50.5	7.1	50.4	8.0	50.2	8.9
52	51.7	5.4	51.6	6.3	51.5	7.2	51.4	8.1	51.2	9.0
53	52.7	5.5	52.6	6.5	52.5	7.4	52.3	8.3	52.2	9.2
54	53.7	5.6	53.6	6.6	53.5	7.5	53.3	8.4	53.2	9.4
55	54.7	5.7	54.6	6.7	54.5	7.7	54.3	8.6	54.2	9.6
56	55.7	5.9	55.6	6.8	55.5	7.8	55.3	8.8	55.1	9.7
57	56.7	6.0	56.6	6.9	56.4	7.9	56.3	8.9	56.1	9.9
58	57.7	6.1	57.6	7.1	57.4	8.1	57.3	9.1	57.1	10.1
59	58.7	6.2	58.6	7.2	58.4	8.2	58.3	9.2	58.1	10.2
60	59.7	6.3	59.6	7.3	59.4	8.4	59.3	9.4	59.1	10.4
61	60.7	6.4	60.5	7.4	60.4	8.5	60.2	9.5	60.1	10.6
62	61.7	6.5	61.5	7.6	61.4	8.6	61.2	9.7	61.1	10.8
63	62.7	6.6	62.5	7.7	62.4	8.8	62.2	9.9	62.0	10.9
64	63.6	6.7	63.5	7.8	63.4	8.9	63.2	10.0	63.0	11.1
65	64.6	6.8	64.5	7.9	64.4	9.0	64.2	10.2	64.0	11.3
66	65.6	6.9	65.5	8.0	65.4	9.2	65.2	10.3	65.0	11.5
67	66.6	7.0	66.5	8.2	66.3	9.3	66.2	10.5	66.0	11.6
68	67.6	7.1	67.5	8.3	67.3	9.5	67.2	10.6	67.0	11.8
69	68.6	7.2	68.5	8.4	68.3	9.6	68.2	10.8	68.0	12.0
70	69.6	7.3	69.5	8.5	69.3	9.7	69.1	11.0	68.9	12.2
71	70.6	7.4	70.5	8.7	70.3	9.9	70.1	11.1	69.9	12.3
72	71.6	7.5	71.5	8.8	71.3	10.0	71.1	11.3	70.9	12.5
73	72.6	7.6	72.5	8.9	72.3	10.2	72.1	11.4	71.9	12.7
74	73.6	7.7	73.4	9.0	73.3	10.3	73.1	11.6	72.9	12.8
75	74.6	7.8	74.4	9.1	74.3	10.4	74.1	11.7	73.9	13.0
76	75.6	7.9	75.4	9.3	75.3	10.6	75.1	11.9	74.8	13.2
100	99.5	10.5	99.3	12.2	99.0	13.9	98.8	15.6	98.5	17.4
200	198.9	20.9	198.5	24.4	198.1	27.8	197.5	31.3	197.0	34.7
300	298.4	31.4	297.8	36.6	297.1	41.8	296.3	46.9	295.4	52.1
400	397.8	41.8	397.0	48.7	396.1	55.7	395.1	62.6	393.9	69.5
d.	a.	b.	a.	b.	a.	b.	a.	b.	a.	b.
	84°		83°		82°		81°		80°	

Tafel 4. Gradtafel.

d.	11°		12°		13°		14°		15°	
	b.	a.	b.	a.	b.	a.	b.	a.	b.	a.
1	1.0	0.2	1.0	0.2	1.0	0.2	1.0	0.2	1.0	0.3
2	2.0	0.4	2.0	0.4	1.9	0.4	1.9	0.5	1.9	0.5
3	2.9	0.6	2.9	0.6	2.9	0.7	2.9	0.7	2.9	0.8
4	3.9	0.8	3.9	0.8	3.9	0.9	3.9	1.0	3.9	1.0
5	4.9	1.0	4.9	1.0	4.9	1.1	4.9	1.2	4.8	1.3
6	5.9	1.1	5.9	1.2	5.8	1.3	5.8	1.5	5.8	1.6
7	6.9	1.3	6.8	1.5	6.8	1.6	6.8	1.7	6.8	1.8
8	7.9	1.5	7.8	1.7	7.8	1.8	7.8	1.9	7.7	2.1
9	8.8	1.7	8.8	1.9	8.8	2.0	8.7	2.2	8.7	2.3
10	9.8	1.9	9.8	2.1	9.7	2.2	9.7	2.4	9.7	2.6
11	10.8	2.1	10.8	2.3	10.7	2.5	10.7	2.7	10.6	2.8
12	11.8	2.3	11.7	2.5	11.7	2.7	11.6	2.9	11.6	3.1
13	12.8	2.5	12.7	2.7	12.7	2.9	12.6	3.1	12.6	3.4
14	13.7	2.7	13.7	2.9	13.6	3.1	13.6	3.4	13.5	3.6
15	14.7	2.9	14.7	3.1	14.6	3.4	14.6	3.6	14.5	3.9
16	15.7	3.1	15.7	3.3	15.6	3.6	15.5	3.9	15.5	4.1
17	16.7	3.2	16.6	3.5	16.6	3.8	16.5	4.1	16.4	4.4
18	17.7	3.4	17.6	3.7	17.5	4.0	17.5	4.4	17.4	4.7
19	18.7	3.6	18.6	4.0	18.5	4.3	18.4	4.6	18.4	4.9
20	19.6	3.8	19.6	4.2	19.5	4.5	19.4	4.8	19.3	5.2
21	20.6	4.0	20.5	4.4	20.5	4.7	20.4	5.1	20.3	5.4
22	21.6	4.2	21.5	4.6	21.4	4.9	21.3	5.3	21.3	5.7
23	22.6	4.4	22.5	4.8	22.4	5.2	22.3	5.6	22.2	6.0
24	23.6	4.6	23.5	5.0	23.4	5.4	23.3	5.8	23.2	6.2
25	24.5	4.8	24.5	5.2	24.4	5.6	24.3	6.0	24.1	6.5
26	25.5	5.0	25.4	5.4	25.3	5.8	25.2	6.3	25.1	6.7
27	26.5	5.2	26.4	5.6	26.3	6.1	26.2	6.5	26.1	7.0
28	27.5	5.3	27.4	5.8	27.3	6.3	27.2	6.8	27.0	7.2
29	28.5	5.5	28.4	6.0	28.3	6.5	28.1	7.0	28.0	7.5
30	29.4	5.7	29.3	6.2	29.2	6.7	29.1	7.3	29.0	7.8
31	30.4	5.9	30.3	6.4	30.2	7.0	30.1	7.5	29.9	8.0
32	31.4	6.1	31.3	6.7	31.2	7.2	31.0	7.7	30.9	8.3
33	32.4	6.3	32.3	6.9	32.2	7.4	32.0	8.0	31.9	8.5
34	33.4	6.5	33.3	7.1	33.1	7.6	33.0	8.2	32.8	8.8
35	34.4	6.7	34.2	7.3	34.1	7.9	34.0	8.5	33.8	9.1
36	35.3	6.9	35.2	7.5	35.1	8.1	34.9	8.7	34.8	9.3
37	36.3	7.1	36.2	7.7	36.1	8.3	35.9	9.0	35.7	9.6
38	37.3	7.3	37.2	7.9	37.0	8.5	36.9	9.2	36.7	9.8
39	38.3	7.4	38.1	8.1	38.0	8.8	37.8	9.4	37.7	10.1
40	39.3	7.6	39.1	8.3	39.0	9.0	38.8	9.7	38.6	10.4
d.	a.	b.	a.	b.	a.	b.	a.	b.	a.	b.
	79°		78°		77°		76°		75°	

— 103 —

Tafel 4. Gradtafel.

d.	11°		12°		13°		14°		15°	
	b.	a.	b.	a.	b.	a.	b.	a.	b.	a.
41	40.2	7.8	40.1	8.5	39.9	9.2	39.8	9.9	39.6	10.6
42	41.2	8.0	41.1	8.7	40.9	9.4	40.8	10.2	40.6	10.9
43	42.2	8.2	42.1	8.9	41.9	9.7	41.7	10.4	41.5	11.1
44	43.2	8.4	43.0	9.1	42.9	9.9	42.7	10.6	42.5	11.4
45	44.2	8.6	44.0	9.4	43.8	10.1	43.7	10.9	43.5	11.6
46	45.2	8.8	45.0	9.6	44.8	10.3	44.6	11.1	44.4	11.9
47	46.1	9.0	46.0	9.8	45.8	10.6	45.6	11.4	45.4	12.2
48	47.1	9.2	47.0	10.0	46.8	10.8	46.6	11.6	46.4	12.4
49	48.1	9.3	47.9	10.2	47.7	11.0	47.5	11.9	47.3	12.7
50	49.1	9.5	48.9	10.4	48.7	11.2	48.5	12.1	48.3	12.9
51	50.1	9.7	49.9	10.6	49.7	11.5	49.5	12.3	49.3	13.2
52	51.0	9.9	50.9	10.8	50.7	11.7	50.5	12.6	50.2	13.5
53	52.0	10.1	51.8	11.0	51.6	11.9	51.4	12.8	51.2	13.7
54	53.0	10.3	52.8	11.2	52.6	12.1	52.4	13.1	52.2	14.0
55	54.0	10.5	53.8	11.4	53.6	12.4	53.4	13.3	53.1	14.2
56	55.0	10.7	54.8	11.6	54.6	12.6	54.3	13.5	54.1	14.5
57	56.0	10.9	55.8	11.9	55.5	12.8	55.3	13.8	55.1	14.8
58	56.9	11.1	56.7	12.1	56.5	13.0	56.3	14.0	56.0	15.0
59	57.9	11.3	57.7	12.3	57.5	13.3	57.2	14.3	57.0	15.3
60	58.9	11.4	58.7	12.5	58.5	13.5	58.2	14.5	58.0	15.5
61	59.9	11.6	59.7	12.7	59.4	13.7	59.2	14.8	58.9	15.8
62	60.9	11.8	60.6	12.9	60.4	13.9	60.2	15.0	59.9	16.0
63	61.8	12.0	61.6	13.1	61.4	14.2	61.1	15.2	60.9	16.3
64	62.8	12.2	62.6	13.3	62.4	14.4	62.1	15.5	61.8	16.6
65	63.8	12.4	63.6	13.5	63.3	14.6	63.1	15.7	62.8	16.8
66	64.8	12.6	64.6	13.7	64.3	14.8	64.0	16.0	63.8	17.1
67	65.8	12.8	65.5	13.9	65.3	15.1	65.0	16.2	64.7	17.3
68	66.8	13.0	66.5	14.1	66.3	15.3	66.0	16.5	65.7	17.6
69	67.7	13.2	67.5	14.3	67.2	15.5	67.0	16.7	66.6	17.9
70	68.7	13.4	68.5	14.6	68.2	15.7	67.9	16.9	67.6	18.1
71	69.7	13.5	69.4	14.8	69.2	16.0	68.9	17.2	68.6	18.4
72	70.7	13.7	70.4	15.0	70.2	16.2	69.9	17.4	69.5	18.6
73	71.7	13.9	71.4	15.2	71.1	16.4	70.8	17.7	70.5	18.9
74	72.6	14.1	72.4	15.4	72.1	16.6	71.8	17.9	71.5	19.2
75	73.6	14.3	73.4	15.6	73.1	16.9	72.8	18.1	72.4	19.4
76	74.6	14.5	74.3	15.8	74.1	17.1	73.7	18.4	73.4	19.7
100	98.2	19.1	97.8	20.8	97.4	22.5	97.0	24.2	96.6	25.9
200	196.3	38.2	195.6	41.6	194.9	45.0	194.1	48.4	193.2	51.8
300	294.5	57.2	293.4	62.4	292.3	67.5	291.1	72.6	289.8	77.6
400	392.7	76.3	391.3	83.2	389.7	90.0	388.1	96.8	386.4	103.5
d.	a.	b.	a.	b.	a.	b.	a.	b.	a.	b.
	79°		78°		77°		76°		75°	

Tafel 4. Gradtafel.

d.	16°		17°		18°		19°		20°	
	b.	a.	b.	a.	b.	a.	b.	a.	b.	a.
1	1.0	0.3	1.0	0.3	1.0	0.3	0.9	0.3	0.9	0.3
2	1.9	0.6	1.9	0.6	1.9	0.6	1.9	0.7	1.9	0.7
3	2.9	0.8	2.9	0.9	2.9	0.9	2.8	1.0	2.8	1.0
4	3.8	1.1	3.8	1.2	3.8	1.2	3.8	1.3	3.8	1.4
5	4.8	1.4	4.8	1.5	4.8	1.5	4.7	1.6	4.7	1.7
6	5.8	1.7	5.7	1.8	5.7	1.9	5.7	2.0	5.6	2.1
7	6.7	1.9	6.7	2.0	6.7	2.2	6.6	2.3	6.6	2.4
8	7.7	2.2	7.7	2.3	7.6	2.5	7.6	2.6	7.5	2.7
9	8.7	2.5	8.6	2.6	8.6	2.8	8.5	2.9	8.5	3.1
10	9.6	2.8	9.6	2.9	9.5	3.1	9.5	3.3	9.4	3.4
11	10.6	3.0	10.5	3.2	10.5	3.4	10.4	3.6	10.3	3.8
12	11.5	3.3	11.5	3.5	11.4	3.7	11.3	3.9	11.3	4.1
13	12.5	3.6	12.4	3.8	12.4	4.0	12.3	4.2	12.2	4.4
14	13.5	3.9	13.4	4.1	13.3	4.3	13.2	4.6	13.2	4.8
15	14.4	4.1	14.3	4.4	14.3	4.6	14.2	4.9	14.1	5.1
16	15.4	4.4	15.3	4.7	15.2	4.9	15.1	5.2	15.0	5.5
17	16.3	4.7	16.3	5.0	16.2	5.3	16.1	5.5	16.0	5.8
18	17.3	5.0	17.2	5.3	17.1	5.6	17.0	5.9	16.9	6.2
19	18.3	5.2	18.2	5.6	18.1	5.9	18.0	6.2	17.9	6.5
20	19.2	5.5	19.1	5.8	19.0	6.2	18.9	6.5	18.8	6.8
21	20.2	5.8	20.1	6.1	20.0	6.5	19.9	6.8	19.7	7.2
22	21.1	6.1	21.0	6.4	20.9	6.8	20.8	7.2	20.7	7.5
23	22.1	6.3	22.0	6.7	21.9	7.1	21.7	7.5	21.6	7.9
24	23.1	6.6	23.0	7.0	22.8	7.4	22.7	7.8	22.6	8.2
25	24.0	6.9	23.9	7.3	23.8	7.7	23.6	8.1	23.5	8.6
26	25.0	7.2	24.9	7.6	24.7	8.0	24.6	8.5	24.4	8.9
27	26.0	7.4	25.8	7.9	25.7	8.3	25.5	8.8	25.4	9.2
28	26.9	7.7	26.8	8.2	26.6	8.7	26.5	9.1	26.3	9.6
29	27.9	8.0	27.7	8.5	27.6	9.0	27.4	9.4	27.3	9.9
30	28.8	8.3	28.7	8.8	28.5	9.3	28.4	9.8	28.2	10.3
31	29.8	8.5	29.6	9.1	29.5	9.6	29.3	10.1	29.1	10.6
32	30.8	8.8	30.6	9.4	30.4	9.9	30.3	10.4	30.1	10.9
33	31.7	9.1	31.6	9.6	31.4	10.2	31.2	10.7	31.0	11.3
34	32.7	9.4	32.5	9.9	32.3	10.5	32.1	11.1	31.9	11.6
35	33.6	9.6	33.5	10.2	33.3	10.8	33.1	11.4	32.9	12.0
36	34.6	9.9	34.4	10.5	34.2	11.1	34.0	11.7	33.8	12.3
37	35.6	10.2	35.4	10.8	35.2	11.4	35.0	12.0	34.8	12.7
38	36.5	10.5	36.3	11.1	36.1	11.7	35.9	12.4	35.7	13.0
39	37.5	10.7	37.3	11.4	37.1	12.1	36.9	12.7	36.6	13.3
4	38.5	11.0	38.3	11.7	38.0	12.4	37.8	13.0	37.6	13.7
d.	a.	b.	a.	b.	a.	b.	a.	b.	a.	b.
	74°		73°		72°		71°		70°	

Tafel 4. Gradtafel.

d.	16°		17°		18°		19°		20°	
	b.	a.	b.	a.	b.	a.	b.	a.	b.	a.
41	39.4	11.3	39.2	12.0	39.0	12.7	38.8	13.3	38.5	14.0
42	40.4	11.6	40.2	12.3	39.9	13.0	39.7	13.7	39.5	14.4
43	41.3	11.9	41.1	12.6	40.9	13.3	40.7	14.0	40.4	14.7
44	42.3	12.1	42.1	12.9	41.8	13.6	41.6	14.3	41.3	15.0
45	43.3	12.4	43.0	13.2	42.8	13.9	42.5	14.7	42.3	15.4
46	44.2	12.7	44.0	13.4	43.7	14.2	43.5	15.0	43.2	15.7
47	45.2	13.0	44.9	13.7	44.7	14.5	44.4	15.3	44.2	16.1
48	46.1	13.2	45.9	14.0	45.7	14.8	45.4	15.6	45.1	16.4
49	47.1	13.5	46.9	14.3	46.6	15.1	46.3	16.0	46.0	16.8
50	48.1	13.8	47.8	14.6	47.6	15.5	47.3	16.3	47.0	17.1
51	49.0	14.1	48.8	14.9	48.5	15.8	48.2	16.6	47.9	17.4
52	50.0	14.3	49.7	15.2	49.5	16.1	49.2	16.9	48.9	17.8
53	50.9	14.6	50.7	15.5	50.4	16.4	50.1	17.3	49.8	18.1
54	51.9	14.9	51.6	15.8	51.4	16.7	51.1	17.6	50.7	18.5
55	52.9	15.2	52.6	16.1	52.3	17.0	52.0	17.9	51.7	18.8
56	53.8	15.4	53.6	16.4	53.3	17.3	52.9	18.2	52.6	19.2
57	54.8	15.7	54.5	16.7	54.2	17.6	53.9	18.6	53.6	19.5
58	55.8	16.0	55.5	17.0	55.2	17.9	54.8	18.9	54.5	19.8
59	56.7	16.3	56.4	17.2	56.1	18.2	55.8	19.2	55.4	20.2
60	57.7	16.5	57.4	17.5	57.1	18.5	56.7	19.5	56.4	20.5
61	58.6	16.8	58.3	17.8	58.0	18.9	57.7	19.9	57.3	20.9
62	59.6	17.1	59.3	18.1	59.0	19.2	58.6	20.2	58.3	21.2
63	60.6	17.4	60.2	18.4	59.9	19.5	59.6	20.5	59.2	21.5
64	61.5	17.6	61.2	18.7	60.9	19.8	60.5	20.8	60.1	21.9
65	62.5	17.9	62.2	19.0	61.8	20.1	61.5	21.2	61.1	22.2
66	63.4	18.2	63.1	19.3	62.8	20.4	62.4	21.5	62.0	22.6
67	64.4	18.5	64.1	19.6	63.7	20.7	63.3	21.8	63.0	22.9
68	65.4	18.7	65.0	19.9	64.7	21.0	64.3	22.1	63.9	23.3
69	66.3	19.0	66.0	20.2	65.6	21.3	65.2	22.5	64.8	23.6
70	67.3	19.3	66.9	20.5	66.6	21.6	66.2	22.8	65.8	23.9
71	68.2	19.6	67.9	20.8	67.5	21.9	67.1	23.1	66.7	24.3
72	69.2	19.8	68.9	21.1	68.5	22.2	68.1	23.4	67.7	24.6
73	70.2	20.1	69.8	21.3	69.4	22.6	69.0	23.8	68.6	25.0
74	71.1	20.4	70.8	21.6	70.4	22.9	70.0	24.1	69.5	25.3
75	72.1	20.7	71.7	21.9	71.3	23.2	70.9	24.4	70.5	25.7
76	73.1	20.9	72.7	22.2	72.3	23.5	71.9	24.7	71.4	26.0
100	96.1	27.6	95.6	29.2	95.1	30.9	94.6	32.6	94.0	34.2
200	192.3	55.1	191.3	58.5	190.2	61.8	189.1	65.1	187.9	68.4
300	288.4	82.7	286.9	87.7	285.3	92.7	283.7	97.7	281.9	102.6
400	384.5	110.3	382.5	116.9	380.4	123.5	378.2	130.2	375.9	136.8
d.	a.	b.	a.	b.	a.	b.	a.	b.	a.	b.
	74°		73°		72°		71°		70°	

Tafel 4. Gradtafel.

d.	21°		22°		23°		24°		25°	
	b.	a.	b.	a.	b.	a.	b.	a.	b.	a.
1	0.9	0.4	0.9	0.4	0.9	0.4	0.9	0.4	0.9	0.4
2	1.9	0.7	1.9	0.7	1.8	0.8	1.8	0.8	1.8	0.8
3	2.8	1.1	2.8	1.1	2.8	1.2	2.7	1.2	2.7	1.3
4	3.7	1.4	3.7	1.5	3.7	1.6	3.7	1.6	3.6	1.7
5	4.7	1.8	4.6	1.9	4.6	2.0	4.6	2.0	4.5	2.1
6	5.6	2.2	5.6	2.2	5.5	2.3	5.5	2.4	5.4	2.5
7	6.5	2.5	6.5	2.6	6.4	2.7	6.4	2.8	6.3	3.0
8	7.5	2.9	7.4	3.0	7.4	3.1	7.3	3.3	7.3	3.4
9	8.4	3.2	8.3	3.4	8.3	3.5	8.2	3.7	8.2	3.8
10	9.3	3.6	9.3	3.7	9.2	3.9	9.1	4.1	9.1	4.2
11	10.3	3.9	10.2	4.1	10.1	4.3	10.0	4.5	10.0	4.6
12	11.2	4.3	11.1	4.5	11.0	4.7	11.0	4.9	10.9	5.1
13	12.1	4.7	12.1	4.9	12.0	5.1	11.9	5.3	11.8	5.5
14	13.1	5.0	13.0	5.2	12.9	5.5	12.8	5.7	12.7	5.9
15	14.0	5.4	13.9	5.6	13.8	5.9	13.7	6.1	13.6	6.3
16	14.9	5.7	14.8	6.0	14.7	6.3	14.6	6.5	14.5	6.8
17	15.9	6.1	15.8	6.4	15.6	6.6	15.5	6.9	15.4	7.2
18	16.8	6.5	16.7	6.7	16.6	7.0	16.4	7.3	16.3	7.6
19	17.7	6.8	17.6	7.1	17.5	7.4	17.4	7.7	17.2	8.0
20	18.7	7.2	18.5	7.5	18.4	7.8	18.3	8.1	18.1	8.5
21	19.6	7.5	19.5	7.9	19.3	8.2	19.2	8.5	19.0	8.9
22	20.5	7.9	20.4	8.2	20.3	8.6	20.1	8.9	19.9	9.3
23	21.5	8.2	21.3	8.6	21.2	9.0	21.0	9.4	20.8	9.7
24	22.4	8.6	22.3	9.0	22.1	9.4	21.9	9.8	21.8	10.1
25	23.3	9.0	23.2	9.4	23.0	9.8	22.8	10.2	22.7	10.6
26	24.3	9.3	24.1	9.7	23.9	10.2	23.8	10.6	23.6	11.0
27	25.2	9.7	25.0	10.1	24.9	10.5	24.7	11.0	24.5	11.4
28	26.1	10.0	26.0	10.5	25.8	10.9	25.6	11.4	25.4	11.8
29	27.1	10.4	26.9	10.9	26.7	11.3	26.5	11.8	26.3	12.3
30	28.0	10.8	27.8	11.2	27.6	11.7	27.4	12.2	27.2	12.7
31	28.9	11.1	28.7	11.6	28.5	12.1	28.3	12.6	28.1	13.1
32	29.9	11.5	29.7	12.0	29.5	12.5	29.2	13.0	29.0	13.5
33	30.8	11.8	30.6	12.4	30.4	12.9	30.1	13.4	29.9	13.9
34	31.7	12.2	31.5	12.7	31.3	13.3	31.1	13.8	30.8	14.4
35	32.7	12.5	32.5	13.1	32.2	13.7	32.0	14.2	31.7	14.8
36	33.6	12.9	33.4	13.5	33.1	14.1	32.9	14.6	32.6	15.2
37	34.5	13.3	34.3	13.9	34.1	14.5	33.8	15.0	33.5	15.6
38	35.5	13.6	35.2	14.2	35.0	14.8	34.7	15.5	34.4	16.1
39	36.4	14.0	36.2	14.6	35.9	15.2	35.6	15.9	35.3	16.5
40	37.3	14.3	37.1	15.0	36.8	15.6	36.5	16.3	36.3	16.9
d.	a.	b.	a.	b.	a.	b.	a.	b.	a.	b.
	69°		68°		67°		66°		65°	

— 107 —

Tafel 4. Gradtafel.

d.	21°		22°		23°		24°		25°	
	b.	a.	b.	a.	b.	a.	b.	a.	b.	a.
41	38.3	14.7	38.0	15.4	37.7	16.0	37.5	16.7	37.2	17.3
42	39.2	15.1	38.9	15.7	38.7	16.4	38.4	17.1	38.1	17.7
43	40.1	15.4	39.9	16.1	39.6	16.8	39.3	17.5	39.0	18.2
44	41.1	15.8	40.8	16.5	40.5	17.2	40.2	17.9	39.9	18.6
45	42.0	16.1	41.7	16.9	41.4	17.6	41.1	18.3	40.8	19.0
46	42.9	16.5	42.7	17.2	42.3	18.0	42.0	18.7	41.7	19.4
47	43.9	16.8	43.6	17.6	43.3	18.4	42.9	19.1	42.6	19.9
48	44.8	17.2	44.5	18.0	44.2	18.8	43.9	19.5	43.5	20.3
49	45.7	17.6	45.4	18.4	45.1	19.1	44.8	19.9	44.4	20.7
50	46.7	17.9	46.4	18.7	46.0	19.5	45.7	20.3	45.3	21.1
51	47.6	18.3	47.3	19.1	46.9	19.9	46.6	20.7	46.2	21.6
52	48.5	18.6	48.2	19.5	47.9	20.3	47.5	21.2	47.1	22.0
53	49.5	19.0	49.1	19.9	48.8	20.7	48.4	21.6	48.0	22.4
54	50.4	19.4	50.1	20.2	49.7	21.1	49.3	22.0	48.9	22.8
55	51.3	19.7	51.0	20.6	50.6	21.5	50.2	22.4	49.8	23.2
56	52.3	20.1	51.9	21.0	51.5	21.9	51.2	22.8	50.8	23.7
57	53.2	20.4	52.8	21.4	52.5	22.3	52.1	23.2	51.7	24.1
58	54.1	20.8	53.8	21.7	53.4	22.7	53.0	23.6	52.6	24.5
59	55.1	21.1	54.7	22.1	54.3	23.1	53.9	24.0	53.5	24.9
60	56.0	21.5	55.6	22.5	55.2	23.4	54.8	24.4	54.4	25.4
61	56.9	21.9	56.6	22.9	56.2	23.8	55.7	24.8	55.3	25.8
62	57.9	22.2	57.5	23.2	57.1	24.2	56.6	25.2	56.2	26.2
63	58.8	22.6	58.4	23.6	58.0	24.6	57.6	25.6	57.1	26.6
64	59.7	22.9	59.3	24.0	58.9	25.0	58.5	26.0	58.0	27.0
65	60.7	23.3	60.3	24.3	59.8	25.4	59.4	26.4	58.9	27.5
66	61.6	23.7	61.2	24.7	60.8	25.8	60.3	26.8	59.8	27.9
67	62.5	24.0	62.1	25.1	61.7	26.2	61.2	27.3	60.7	28.3
68	63.5	24.4	63.0	25.5	62.6	26.6	62.1	27.7	61.6	28.7
69	64.4	24.7	64.0	25.8	63.5	27.0	63.0	28.1	62.5	29.2
70	65.4	25.1	64.9	26.2	64.4	27.4	63.9	28.5	63.4	29.6
71	66.3	25.4	65.8	26.6	65.4	27.7	64.9	28.9	64.3	30.0
72	67.2	25.8	66.8	27.0	66.3	28.1	65.8	29.3	65.3	30.4
73	68.2	26.2	67.7	27.3	67.2	28.5	66.7	29.7	66.2	30.9
74	69.1	26.5	68.6	27.7	68.1	28.9	67.6	30.1	67.1	31.3
75	70.0	26.9	69.5	28.1	69.0	29.3	68.5	30.5	68.0	31.7
76	71.0	27.2	70.5	28.5	70.0	29.7	69.4	30.9	68.9	32.1
100	93.4	35.8	92.7	37.5	92.1	39.1	91.4	40.7	90.6	42.3
200	186.7	71.7	185.4	74.9	184.1	78.1	182.7	81.3	181.3	84.5
300	280.1	107.5	278.2	112.4	276.2	117.2	274.1	122.0	271.9	126.8
400	373.4	143.3	370.9	149.8	368.2	156.3	365.4	162.7	362.5	169.0
d.	a.	b.	a.	b.	a.	b.	a.	b.	a.	b.
	69°		68°		67°		66°		65°	

— 108 —

Tafel 4. Gradtafel.

d.	26°		27°		28°		29°		30°	
	b.	a.	b.	a.	b.	a.	b.	a.	b.	a.
1	0,9	0,4	0,9	0,5	0,9	0,5	0,9	0,5	0,9	0,5
2	1,8	0,9	1,8	0,9	1,8	0,9	1,7	1,0	1,7	1,0
3	2,7	1,3	2,7	1,4	2,6	1,4	2,6	1,5	2,6	1,5
4	3,6	1,8	3,6	1,8	3,5	1,9	3,5	1,9	3,5	2,0
5	4,5	2,2	4,5	2,3	4,4	2,3	4,4	2,4	4,3	2,5
6	5,4	2,6	5,3	2,7	5,3	2,8	5,2	2,9	5,2	3,0
7	6,3	3,1	6,2	3,2	6,2	3,3	6,1	3,4	6,1	3,5
8	7,2	3,5	7,1	2,6	7,1	3,8	7,0	3,9	6,9	4,0
9	8,1	3,9	8,0	4,1	7,9	4,2	7,9	4,4	7,8	4,5
10	9,0	4,4	8,9	4,5	8,8	4,7	8,7	4,8	8,7	5,0
11	9,9	4,8	9,8	5,0	9,7	5,2	9,6	5,3	9,5	5,5
12	10,8	5,3	10,7	5,4	10,6	5,6	10,5	5,8	10,4	6,0
13	11,7	5,7	11,6	5,9	11,5	6,1	11,4	6,3	11,3	6,5
14	12,6	6,1	12,5	6,4	12,4	6,6	12,2	6,8	12,1	7,0
15	13,5	6,6	13,4	6,8	13,2	7,0	13,1	7,3	13,0	7,5
16	14,4	7,0	14,3	7,3	14,1	7,5	14,0	7,8	13,9	8,0
17	15,3	7,5	15,1	7,7	15,0	8,0	14,9	8,2	14,7	8,5
18	16,2	7,9	16,0	8,2	15,9	8,5	15,7	8,7	15,6	9,0
19	17,1	8,3	16,9	8,6	16,8	8,9	16,6	9,2	16,5	9,5
20	18,0	8,8	17,8	9,1	17,7	9,4	17,5	9,7	17,3	10,0
21	18,9	9,2	18,7	9,5	18,5	9,9	18,4	10,2	18,2	10,5
22	19,8	9,6	19,6	10,0	19,4	10,3	19,2	10,7	19,1	11,0
23	20,7	10,1	20,5	10,4	20,3	10,8	20,1	11,2	19,9	11,5
24	21,6	10,5	21,4	10,9	21,2	11,3	21,0	11,6	20,8	12,0
25	22,5	11,0	22,3	11,3	22,1	11,7	21,9	12,1	21,7	12,5
26	23,4	11,4	23,2	11,8	23,0	12,2	22,7	12,6	22,5	13,0
27	24,3	11,8	24,1	12,3	23,8	12,7	23,6	13,1	23,4	13,5
28	25,2	12,3	24,9	12,7	24,7	13,1	24,5	13,6	24,2	14,0
29	26,1	12,7	25,8	13,2	25,6	13,6	25,4	14,1	25,1	14,5
30	27,0	13,2	26,7	13,6	26,5	14,1	26,2	14,5	26,0	15,0
31	27,9	13,6	27,6	14,1	27,4	14,6	27,1	15,0	26,8	15,5
32	28,8	14,0	28,5	14,5	28,3	15,0	28,0	15,5	27,7	16,0
33	29,7	14,5	29,4	15,0	29,1	15,5	28,9	16,0	28,6	16,5
34	30,6	14,9	30,3	15,4	30,0	16,0	29,7	16,5	29,4	17,0
35	31,5	15,3	31,2	15,9	30,9	16,4	30,6	17,0	30,3	17,5
36	32,4	15,8	32,1	16,3	31,8	16,9	31,5	17,5	31,2	18,0
37	33,3	16,2	33,0	16,8	32,7	17,4	32,4	17,9	32,0	18,5
38	34,2	16,7	33,9	17,3	33,6	17,8	33,2	18,4	32,9	19,0
39	35,1	17,1	34,7	17,7	34,4	18,3	34,1	18,9	33,8	19,5
40	36,0	17,5	35,6	18,2	35,3	18,8	35,0	19,4	34,6	20,0
d.	a.	b.	a.	b.	a.	b.	a.	b.	a.	b.
	64°		63°		62°		61°		60°	

— 109 —

Tafel 4. Gradtafel.

d.	26°		27°		28°		29°		30°	
	b.	a.	b.	a.	b.	a.	b.	a.	b.	a.
41	36.9	18.0	36.5	18.6	36.2	19.2	35.9	19.9	35.5	20.5
42	37.7	18.4	37.4	19.1	37.1	19.7	36.7	20.4	36.4	21.0
43	38.6	18.8	38.3	19.5	38.0	20.2	37.6	20.8	37.2	21.5
44	39.5	19.3	39.2	20.0	38.8	20.7	38.5	21.3	38.1	22.0
45	40.4	19.7	40.1	20.4	39.7	21.1	39.4	21.8	39.0	22.5
46	41.3	20.2	41.0	20.9	40.6	21.6	40.2	22.3	39.8	23.0
47	42.2	20.6	41.9	21.3	41.5	22.1	41.1	22.8	40.7	23.5
48	43.1	21.0	42.8	21.8	42.4	22.5	42.0	23.3	41.6	24.0
49	44.0	21.5	43.7	22.2	43.3	23.0	42.9	23.8	42.4	24.5
50	44.9	21.9	44.6	22.7	44.1	23.5	43.7	24.2	43.3	25.0
51	45.8	22.4	45.4	23.2	45.0	23.9	44.6	24.7	44.2	25.5
52	46.7	22.8	46.3	23.6	45.9	24.4	45.5	25.2	45.0	26.0
53	47.6	23.2	47.2	24.1	46.8	24.9	46.4	25.7	45.9	26.5
54	48.5	23.7	48.1	24.5	47.7	25.4	47.2	26.2	46.8	27.0
55	49.4	24.1	49.0	25.0	48.6	25.8	48.1	26.7	47.6	27.5
56	50.3	24.5	49.9	25.4	49.4	26.3	49.0	27.1	48.5	28.0
57	51.2	25.0	50.8	25.9	50.3	26.8	49.9	27.6	49.4	28.5
58	52.1	25.4	51.7	26.3	51.2	27.2	50.7	28.1	50.2	29.0
59	53.0	25.9	52.6	26.8	52.1	27.7	51.6	28.6	51.1	29.5
60	53.9	26.3	53.5	27.2	53.0	28.2	52.5	29.1	52.0	30.0
61	54.8	26.7	54.4	27.7	53.9	28.6	53.4	29.6	52.8	30.5
62	55.7	27.2	55.2	28.1	54.7	29.1	54.2	30.1	53.7	31.0
63	56.6	27.6	56.1	28.6	55.6	29.6	55.1	30.5	54.6	31.5
64	57.5	28.1	57.0	29.1	56.5	30.0	56.0	31.0	55.4	32.0
65	58.4	28.5	57.9	29.5	57.4	30.5	56.9	31.5	56.3	32.5
66	59.3	28.9	58.8	30.0	58.3	31.0	57.7	32.0	57.2	33.0
67	60.2	29.4	59.7	30.4	59.2	31.5	58.6	32.5	58.0	33.5
68	61.1	29.8	60.6	30.9	60.0	31.9	59.5	33.0	58.9	34.0
69	62.0	30.2	61.5	31.3	60.9	32.4	60.3	33.5	59.8	34.5
70	62.9	30.7	62.4	31.8	61.8	32.9	61.2	33.9	60.6	35.0
71	63.8	31.1	63.3	32.2	62.7	33.3	62.1	34.4	61.5	35.5
72	64.7	31.6	64.2	32.7	63.6	33.8	63.0	34.9	62.4	36.0
73	65.6	32.0	65.0	33.1	64.5	34.3	63.8	35.4	63.2	36.5
74	66.5	32.4	65.9	33.6	65.3	34.7	64.7	35.9	64.1	37.0
75	67.4	32.9	66.8	34.0	66.2	35.2	65.6	36.4	65.0	37.5
76	68.3	33.3	67.7	34.5	67.1	35.7	66.5	36.8	65.8	38.0
100	89.9	43.8	89.1	45.4	88.3	46.9	87.5	48.5	86.6	50.0
200	179.8	87.7	178.2	90.8	176.5	93.9	174.9	97.0	173.2	100.0
300	269.6	131.5	267.3	136.2	264.9	140.8	262.4	145.4	259.8	150.0
400	359.5	175.3	356.4	181.6	353.2	187.8	349.8	193.9	346.4	200.0
d.	a.	b.	a.	b.	a.	b.	a.	b.	a.	b.
	64°		63°		62°		61°		60°	

— 110 —

Tafel 4. Gradtafel.

d.	31°		32°		33°		34°		35°	
	b.	a.	b.	a.	b.	a.	b.	a.	b.	a.
1	0.9	0.5	0.8	0.5	0.8	0.5	0.8	0.6	0.8	0.6
2	1.7	1.0	1.7	1.1	1.7	1.1	1.7	1.1	1.6	1.1
3	2.6	1.5	2.5	1.6	2.5	1.6	2.5	1.7	2.5	1.7
4	3.4	2.1	3.4	2.1	3.4	2.2	3.3	2.2	3.3	2.3
5	4.3	2.6	4.2	2.6	4.2	2.7	4.1	2.8	4.1	2.9
6	5.1	3.1	5.1	3.2	5.0	3.3	5.0	3.4	4.9	3.4
7	6.0	3.6	5.9	3.7	5.9	3.8	5.8	3.9	5.7	4.0
8	6.9	4.1	6.8	4.2	6.7	4.4	6.6	4.5	6.6	4.6
9	7.7	4.6	7.6	4.8	7.5	4.9	7.5	5.0	7.4	5.2
10	8.6	5.2	8.5	5.3	8.4	5.4	8.3	5.6	8.2	5.7
11	9.4	5.7	9.3	5.8	9.2	6.0	9.1	6.2	9.0	6.3
12	10.3	6.2	10.2	6.4	10.1	6.5	9.9	6.7	9.8	6.9
13	11.1	6.7	11.0	6.9	10.9	7.1	10.8	7.3	10.6	7.5
14	12.0	7.2	11.9	7.4	11.7	7.6	11.6	7.8	11.5	8.0
15	12.9	7.7	12.7	7.9	12.6	8.2	12.4	8.4	12.3	8.6
16	13.7	8.2	13.6	8.5	13.4	8.7	13.3	8.9	13.1	9.2
17	14.6	8.8	14.4	9.0	14.3	9.3	14.1	9.5	13.9	9.8
18	15.4	9.3	15.3	9.5	15.1	9.8	14.9	10.1	14.7	10.3
19	16.3	9.8	16.1	10.1	15.9	10.3	15.8	10.6	15.6	10.9
20	17.1	10.3	17.0	10.6	16.8	10.9	16.6	11.2	16.4	11.5
21	18.0	10.8	17.8	11.1	17.6	11.4	17.4	11.7	17.2	12.0
22	18.9	11.3	18.7	11.7	18.5	12.0	18.2	12.3	18.0	12.6
23	19.7	11.8	19.5	12.2	19.3	12.5	19.1	12.9	18.8	13.2
24	20.6	12.4	20.4	12.7	20.1	13.1	19.9	13.4	19.7	13.8
25	21.4	12.9	21.2	13.2	21.0	13.6	20.7	14.0	20.5	14.3
26	22.3	13.4	22.0	13.8	21.8	14.2	21.6	14.5	21.3	14.9
27	23.1	13.9	22.9	14.3	22.6	14.7	22.4	15.1	22.1	15.5
28	24.0	14.4	23.7	14.8	23.5	15.2	23.2	15.7	22.9	16.1
29	24.9	14.9	24.6	15.4	24.3	15.8	24.0	16.2	23.8	16.6
30	25.7	15.5	25.4	15.9	25.2	16.3	24.9	16.8	24.6	17.2
31	26.6	16.0	26.3	16.4	26.0	16.9	25.7	17.3	25.4	17.8
32	27.4	16.5	27.1	17.0	26.8	17.4	26.5	17.9	26.2	18.4
33	28.3	17.0	28.0	17.5	27.7	18.0	27.4	18.5	27.0	18.9
34	29.1	17.5	28.8	18.0	28.5	18.5	28.2	19.0	27.9	19.5
35	30.0	18.0	29.7	18.5	29.4	19.1	29.0	19.6	28.7	20.1
36	30.9	18.5	30.5	19.1	30.2	19.6	29.8	20.1	29.5	20.6
37	31.7	19.1	31.4	19.6	31.0	20.2	30.7	20.7	30.3	21.2
38	32.6	19.6	32.2	20.1	31.9	20.7	31.5	21.2	31.1	21.8
39	33.4	20.1	33.1	20.7	32.7	21.2	32.3	21.8	31.9	22.4
40	34.3	20.6	33.9	21.2	33.5	21.8	33.2	22.4	32.8	22.9
d.	a.	b.	a.	b.	a.	b.	a.	b.	a.	b.
	59°		58°		57°		56°		55°	

Tafel 4. Gradtafel.

d.	31°		32°		33°		34°		35°	
	b.	a.	b.	a.	b.	a.	b.	a.	b.	a.
41	35.1	21.1	34.8	21.7	34.4	22.3	34.0	22.9	33.6	23.5
42	36.0	21.6	35.6	22.3	35.2	22.9	34.8	23.5	34.4	24.1
43	36.9	22.1	36.5	22.8	36.1	23.4	35.6	24.0	35.2	24.7
44	37.7	22.7	37.3	23.3	36.9	24.0	36.5	24.6	36.0	25.2
45	38.6	23.2	38.2	23.8	37.7	24.5	37.3	25.2	36.9	25.8
46	39.4	23.7	39.0	24.4	38.6	25.1	38.1	25.7	37.7	26.4
47	40.3	24.2	39.9	24.9	39.4	25.6	39.0	26.3	38.5	27.0
48	41.1	24.7	40.7	25.4	40.3	26.1	39.8	26.8	39.3	27.5
49	42.0	25.2	41.6	26.0	41.1	26.7	40.6	27.4	40.1	28.1
50	42.9	25.8	42.4	26.5	41.9	27.2	41.5	28.0	41.0	28.7
51	43.7	26.3	43.3	27.0	42.8	27.8	42.3	28.5	41.8	29.3
52	44.6	26.8	44.1	27.6	43.6	28.3	43.1	29.1	42.6	29.8
53	45.4	27.3	44.9	28.1	44.4	28.9	43.9	29.6	43.4	30.4
54	46.3	27.8	45.8	28.6	45.3	29.4	44.8	30.2	44.2	31.0
55	47.1	28.3	46.6	29.1	46.1	30.0	45.6	30.8	45.1	31.5
56	48.0	28.8	47.5	29.7	47.0	30.5	46.4	31.3	45.9	32.1
57	48.9	29.4	48.3	03.2	47.8	31.0	47.3	31.9	46.7	32.7
58	49.7	29.9	49.2	30.7	48.6	31.6	48.1	32.4	47.5	33.3
59	50.6	30.4	50.0	31.3	49.5	32.1	48.9	33.0	48.3	33.8
60	51.4	30.9	50.9	31.8	50.3	32.7	49.7	33.6	49.1	34.4
61	52.3	31.4	51.7	32.3	51.2	33.2	50.6	34.1	50.0	35.0
62	53.1	31.9	52.6	32.9	52.0	33.8	51.4	34.7	50.8	35.6
63	54.0	32.4	53.4	33.4	52.8	34.3	52.2	35.2	51.6	36.1
64	54.9	33.0	54.3	33.9	53.7	34.9	53.1	35.8	52.4	36.7
65	55.7	33.5	55.1	34.4	54.5	35.4	53.9	36.3	53.2	37.3
66	56.6	34.0	56.0	35.0	55.4	35.9	54.7	36.9	54.1	37.9
67	57.4	34.5	56.8	35.5	56.2	36.5	55.5	37.5	54.9	38.4
68	58.3	35.0	57.7	36.0	57.0	37.0	56.4	38.0	55.7	39.0
69	59.1	35.5	58.5	36.6	57.9	37.6	57.2	38.6	56.5	39.6
70	60.0	36.1	59.4	37.1	58.7	38.1	58.0	39.1	57.3	40.2
71	60.9	36.6	60.2	37.6	59.5	38.7	58.9	39.7	58.2	40.7
72	61.7	37.1	61.1	38.2	60.4	39.2	59.7	40.3	59.0	41.3
73	62.6	37.6	61.9	38.7	61.2	39.8	60.5	40.8	59.8	41.9
74	63.4	38.1	62.8	39.2	62.1	40.3	61.3	41.4	60.6	42.4
75	64.3	38.6	63.6	39.7	62.9	40.8	62.2	41.9	61.4	43.0
76	65.1	39.1	64.5	40.3	63.7	41.4	63.0	42.5	62.3	43.6
100	85.7	51.5	84.8	53.0	83.9	54.5	82.9	55.9	81.9	57.4
200	171.4	103.0	169.6	106.0	167.7	108.9	165.8	111.8	163.8	114.7
300	257.1	154.5	254.4	159.0	251.6	163.4	248.7	167.8	245.7	172.1
400	342.9	206.0	339.2	212.0	335.5	217.9	331.6	223.7	327.7	229.4
d.	a.	b.	a.	b.	a.	b.	a.	b.	a.	b.
	59°		58°		57°		56°		55°	

— 112 —

Tafel 4. Gradtafel.

d.	36°		37°		38°		39°		40°	
	b.	a.	b.	a.	b.	a.	b.	a.	b.	a.
1	0.8	0.6	0.8	0.6	0.8	0.6	0.8	0.6	0.8	0.6
2	1.6	1.2	1.6	1.2	1.6	1.2	1.6	1.3	1.5	1.3
3	2.4	1.8	2.4	1.8	2.4	1.8	2.3	1.9	2.3	1.9
4	3.2	2.4	3.2	2.4	3.2	2.5	3.1	2.5	3.1	2.6
5	4.0	2.9	4.0	3.0	3.9	3.1	3.9	3.1	3.8	3.2
6	4.9	3.5	4.8	3.6	4.7	3.7	4.7	3.8	4.6	3.9
7	5.7	4.1	5.6	4.2	5.5	4.3	5.4	4.4	5.4	4.5
8	6.5	4.7	6.4	4.8	6.3	4.9	6.2	5.0	6.1	5.1
9	7.3	5.3	7.2	5.4	7.1	5.5	7.0	5.7	6.9	5.8
10	8.1	5.9	8.0	6.0	7.9	6.2	7.8	6.3	7.7	6.4
11	8.9	6.5	8.8	6.6	8.7	6.8	8.5	6.9	8.4	7.1
12	9.7	7.1	9.6	7.2	9.5	7.4	9.3	7.6	9.2	7.7
13	10.5	7.6	10.4	7.8	10.2	8.0	10.1	8.2	10.0	8.4
14	11.3	8.2	11.2	8.4	11.0	8.6	10.9	8.8	10.7	9.0
15	12.1	8.8	12.0	9.0	11.8	9.2	11.7	9.4	11.5	9.6
16	12.9	9.4	12.8	9.6	12.6	9.9	12.4	10.1	12.3	10.3
17	13.8	10.0	13.6	10.2	13.4	10.5	13.2	10.7	13.0	10.9
18	14.6	10.6	14.4	10.8	14.2	11.1	14.0	11.3	13.8	11.6
19	15.4	11.2	15.2	11.4	15.0	11.7	14.8	12.0	14.6	12.2
20	16.2	11.8	16.0	12.0	15.8	12.3	15.5	12.6	15.3	12.9
21	17.0	12.3	16.8	12.6	16.5	12.9	16.3	13.2	16.1	13.5
22	17.8	12.9	17.6	13.2	17.3	13.5	17.1	13.8	16.9	14.1
23	18.6	13.5	18.4	13.8	18.1	14.2	17.9	14.5	17.6	14.8
24	19.4	14.1	19.2	14.4	18.9	14.8	18.7	15.1	18.4	15.4
25	20.2	14.7	20.0	15.0	19.7	15.4	19.4	15.7	19.2	16.1
26	21.0	15.3	20.8	15.6	20.5	16.0	20.2	16.4	19.9	16.7
27	21.8	15.9	21.6	16.2	21.3	16.6	21.0	17.0	20.7	17.4
28	22.7	16.5	22.4	16.9	22.1	17.2	21.8	17.6	21.4	18.0
29	23.5	17.0	23.2	17.5	22.9	17.9	22.5	18.3	22.2	18.6
30	24.3	17.6	24.0	18.1	23.6	18.5	23.3	18.9	23.0	19.3
31	25.1	18.2	24.8	18.7	24.4	19.1	24.1	19.5	23.7	19.9
32	25.9	18.8	25.6	19.3	25.2	19.7	24.9	20.1	24.5	20.6
33	26.7	19.4	26.4	19.9	26.0	20.3	25.6	20.8	25.3	21.2
34	27.5	20.0	27.2	20.5	26.8	20.9	26.4	21.4	26.0	21.9
35	28.3	20.6	28.0	21.1	27.6	21.5	27.2	22.0	26.8	22.5
36	29.1	21.2	28.8	21.7	28.4	22.2	28.0	22.7	27.6	23.1
37	29.9	21.7	29.5	22.3	29.2	22.8	28.8	23.3	28.3	23.8
38	30.7	22.3	30.3	22.9	29.9	23.4	29.5	23.9	29.1	24.4
39	31.6	22.9	31.1	23.5	30.7	24.0	30.3	24.5	29.9	25.1
40	32.4	23.5	31.9	24.1	31.5	24.6	31.1	25.2	30.6	25.7
d.	a.	b.	a.	b.	a.	b.	a.	b.	a.	b.
	54°		53°		52°		51°		50°	

Tafel 4. Gradtafel.

d.	36° b.	36° a.	37° b.	37° a.	38° b.	38° a.	39° b.	39° a.	40° b.	40° a.
41	33,2	24,1	32,7	24,7	32,3	25,2	31,9	25,8	31,4	26,4
42	34,0	24,7	33,5	25,3	33,1	25,9	32,6	26,4	32,2	27,0
43	34,8	25,3	34,3	25,9	33,9	26,5	33,4	27,1	32,9	27,6
44	35,6	25,9	35,1	26,5	34,7	27,1	34,2	27,7	33,7	28,3
45	36,4	26,5	35,9	27,1	35,5	27,7	35,0	28,3	34,5	28,9
46	37,2	27,0	36,7	27,7	36,2	28,3	35,7	28,9	35,2	29,6
47	38,0	27,6	37,5	28,3	37,0	28,9	36,5	29,6	36,0	30,2
48	38,8	28,2	38,3	28,9	37,8	29,6	37,3	30,2	36,8	30,9
49	39,6	28,8	39,1	29,5	38,6	30,2	38,1	30,8	37,5	31,5
50	40,5	29,4	39,9	30,1	39,4	30,8	38,9	31,5	38,3	32,1
51	41,3	30,0	40,7	30,7	40,2	31,4	39,6	32,1	39,1	32,8
52	42,1	30,6	41,5	31,3	41,0	32,0	40,4	32,7	39,8	33,4
53	42,9	31,2	42,3	31,9	41,8	32,6	41,2	33,4	40,6	34,1
54	43,7	31,7	43,1	32,5	42,6	33,2	42,0	34,0	41,4	34,7
55	44,5	32,3	43,9	33,1	43,3	33,9	42,7	34,6	42,1	35,4
56	45,3	32,9	44,7	33,7	44,1	34,5	43,5	35,2	42,9	36,0
57	46,1	33,5	45,5	34,3	44,9	35,1	44,3	35,9	43,7	36,6
58	46,9	34,1	46,3	34,9	45,7	35,7	45,1	36,5	44,4	37,3
59	47,7	34,7	47,1	35,5	46,5	36,3	45,9	37,1	45,2	37,9
60	48,5	35,3	47,9	36,1	47,3	36,9	46,6	37,8	46,0	38,6
61	49,4	35,9	48,7	36,7	48,1	37,6	47,4	38,4	46,7	39,2
62	50,2	36,4	49,5	37,3	48,9	38,2	48,2	39,0	47,5	39,9
63	51,0	37,0	50,3	37,9	49,6	38,8	49,0	39,6	48,3	40,5
64	51,8	37,6	51,1	38,5	50,4	39,4	49,7	40,3	49,0	41,1
65	52,6	38,2	51,9	39,1	51,2	40,0	50,5	40,9	49,8	41,8
66	53,4	38,8	52,7	39,7	52,0	40,6	51,3	41,5	50,6	42,4
67	54,2	39,4	53,5	40,3	52,8	41,2	52,1	42,2	51,3	43,1
68	55,0	40,0	54,3	40,9	53,6	41,9	52,8	42,8	52,1	43,7
69	55,8	40,6	55,1	41,5	54,4	42,5	53,6	43,4	52,9	44,4
70	56,6	41,1	55,9	42,1	55,2	43,1	54,4	44,1	53,6	45,0
71	57,4	41,7	56,7	42,7	55,9	43,7	55,2	44,7	54,4	45,6
72	58,2	42,3	57,5	43,3	56,7	44,3	56,0	45,3	55,2	46,3
73	59,1	42,9	58,3	43,9	57,5	44,9	56,7	45,9	55,9	46,9
74	59,9	43,5	59,1	44,5	58,3	45,6	57,5	46,6	56,7	47,6
75	60,7	44,1	59,9	45,1	59,1	46,2	58,3	47,2	57,5	48,2
76	61,5	44,7	60,7	45,7	59,9	46,8	59,1	47,8	58,2	48,9
100	80,9	58,8	79,9	60,2	78,8	61,6	77,7	62,9	76,6	64,3
200	161,8	117,6	159,7	120,4	157,6	123,1	155,4	125,9	153,2	128,6
300	242,7	176,3	239,6	180,5	236,4	184,7	233,1	188,8	229,8	192,8
400	323,6	235,1	319,5	240,7	315,2	246,3	310,8	251,7	306,4	257,1
d.	a.	b.	a.	b.	a.	b.	a.	b.	a.	b.
	54°		53°		52°		51°		50°	

Tafel 4. Gradtafel.

d.	41°		42°		43°		44°		45°	
	b.	a.	b.	a.	b.	a.	b.	a.	b.	a.
1	0.8	0.7	0.7	0.7	0.7	0.7	0.7	0.7	0.7	0.7
2	1.5	1.3	1.5	1.3	1.5	1.4	1.4	1.4	1.4	1.4
3	2.3	2.0	2.2	2.0	2.2	2.0	2.2	2.1	2.1	2.1
4	3.0	2.6	3.0	2.7	2.9	2.7	2.9	2.8	2.8	2.8
5	3.8	3.3	3.7	3.3	3.7	3.4	3.6	3.5	3.5	3.5
6	4.5	3.9	4.5	4.0	4.4	4.1	4.3	4.2	4.2	4.2
7	5.3	4.6	5.2	4.7	5.1	4.8	5.0	4.9	4.9	4.9
8	6.0	5.2	5.9	5.4	5.9	5.5	5.8	5.6	5.7	5.7
9	6.8	5.9	6.7	6.0	6.6	6.1	6.5	6.3	6.4	6.4
10	7.5	6.6	7.4	6.7	7.3	6.8	7.2	6.9	7.1	7.1
11	8.3	7.2	8.2	7.4	8.0	7.5	7.9	7.6	7.8	7.8
12	9.1	7.9	8.9	8.0	8.8	8.2	8.6	8.3	8.5	8.5
13	9.8	8.5	9.7	8.7	9.5	8.9	9.4	9.0	9.2	9.2
14	10.6	9.2	10.4	9.4	10.2	9.5	10.1	9.7	9.9	9.9
15	11.3	9.8	11.1	10.0	11.0	10.2	10.8	10.4	10.6	10.6
16	12.1	10.5	11.9	10.7	11.7	10.9	11.5	11.1	11.3	11.3
17	12.8	11.2	12.6	11.4	12.4	11.6	12.2	11.8	12.0	12.0
18	13.6	11.8	13.4	12.0	13.2	12.3	12.9	12.5	12.7	12.7
19	14.3	12.5	14.1	12.7	13.9	13.0	13.7	13.2	13.4	13.4
20	15.1	13.1	14.9	13.4	14.6	13.6	14.4	13.9	14.1	14.1
21	15.8	13.8	15.6	14.1	15.4	14.3	15.1	14.6	14.8	14.8
22	16.6	14.4	16.3	14.7	16.1	15.0	15.8	15.3	15.6	15.6
23	17.4	15.1	17.1	15.4	16.8	15.7	16.5	16.0	16.3	16.3
24	18.1	15.7	17.8	16.1	17.6	16.4	17.3	16.7	17.0	17.0
25	18.9	16.4	18.6	16.7	18.3	17.0	18.0	17.4	17.7	17.7
26	19.6	17.1	19.3	17.4	19.0	17.7	18.7	18.1	18.4	18.4
27	20.4	17.7	20.1	18.1	19.7	18.4	19.4	18.8	19.1	19.1
28	21.1	18.4	20.8	18.7	20.5	19.1	20.1	19.5	19.8	19.8
29	21.9	19.0	21.6	19.4	21.2	19.8	20.9	20.1	20.5	20.5
30	22.6	19.7	22.3	20.1	21.9	20.5	21.6	20.8	21.2	21.2
31	23.4	20.3	23.0	20.7	22.7	21.1	22.3	21.5	21.9	21.9
32	24.2	21.0	23.8	21.4	23.4	21.8	23.0	22.2	22.6	22.6
33	24.9	21.6	24.5	22.1	24.1	22.5	23.7	22.9	23.3	23.3
34	25.7	22.3	25.3	22.8	24.9	23.2	24.5	23.6	24.0	24.0
35	26.4	23.0	26.0	23.4	25.6	23.9	25.2	24.3	24.7	24.7
36	27.2	23.6	26.8	24.1	26.3	24.6	25.9	25.0	25.5	25.5
37	27.9	24.3	27.5	24.8	27.1	25.2	26.6	25.7	26.2	26.2
38	28.7	24.9	28.2	25.4	27.8	25.9	27.3	26.4	26.9	26.9
39	29.4	25.6	29.0	26.1	28.5	26.6	28.1	27.1	27.6	27.6
40	30.2	26.2	29.7	26.8	29.3	27.3	28.8	27.8	28.3	28.3
d.	a.	b.	a.	b.	a.	b.	a.	b.	a.	b.
	49°		48°		47°		46°		45°	

Tafel 4. Gradtafel.

d.	41°		42°		43°		44°		45°	
	b.	a.	b.	a.	b.	a.	b.	a.	b.	a.
41	30.9	26.9	30.5	27.4	30.0	28.0	29.5	28.5	29.0	29.0
42	31.7	27.6	31.2	28.1	30.7	28.6	30.2	29.2	29.7	29.7
43	32.5	28.2	32.0	28.8	31.4	29.3	30.9	29.9	30.4	30.4
44	33.2	28.9	32.7	29.4	32.2	30.0	31.7	30.6	31.1	31.1
45	34.0	29.5	33.4	30.1	32.9	30.7	32.4	31.3	31.8	31.8
46	34.7	30.2	34.2	30.8	33.6	31.4	33.1	32.0	32.5	32.5
47	35.5	30.8	34.9	31.4	34.4	32.1	33.8	32.6	33.2	33.2
48	36.2	31.5	35.7	32.1	35.1	32.7	34.5	33.3	33.9	33.9
49	37.0	32.1	36.4	32.8	35.8	33.4	35.2	34.0	34.6	34.6
50	37.7	32.8	37.2	33.5	36.6	34.1	36.0	34.7	35.4	35.4
51	38.5	33.5	37.9	34.1	37.3	34.8	36.7	35.4	36.1	36.1
52	39.2	34.1	38.6	34.8	38.0	35.5	37.4	36.1	36.8	36.8
53	40.0	34.8	39.4	35.5	38.8	36.1	38.1	36.8	37.5	37.5
54	40.8	35.4	40.1	36.1	39.5	36.8	38.8	37.5	38.2	38.2
55	41.5	36.1	40.9	36.8	40.2	37.5	39.6	38.2	38.9	38.9
56	42.3	36.7	41.6	37.5	41.0	38.2	40.3	38.9	39.6	39.6
57	43.0	37.4	42.4	38.1	41.7	38.9	41.0	39.6	40.3	40.3
58	43.8	38.1	43.1	38.8	42.4	39.6	41.7	40.3	41.0	41.0
59	44.5	38.7	43.8	39.5	43.1	40.2	42.4	41.0	41.7	41.7
60	45.3	39.4	44.6	40.1	43.9	40.9	43.2	41.7	42.4	42.4
61	46.0	40.0	45.3	40.8	44.6	41.6	43.9	42.4	43.1	43.1
62	46.8	40.7	46.1	41.5	45.3	42.3	44.6	43.1	43.8	43.8
63	47.5	41.3	46.8	42.2	46.1	43.0	45.3	43.8	44.5	44.5
64	48.3	42.0	47.6	42.8	46.8	43.6	46.0	44.5	45.3	45.3
65	49.1	42.6	48.3	43.5	47.5	44.3	46.8	45.2	46.0	46.0
66	49.8	43.3	49.0	44.2	48.3	45.0	47.5	45.8	46.7	46.7
67	50.6	44.0	49.8	44.8	49.0	45.7	48.2	46.5	47.4	47.4
68	51.3	44.6	50.5	45.5	49.7	46.4	48.9	47.2	48.1	48.1
69	52.1	45.3	51.3	46.2	50.5	47.1	49.6	47.9	48.8	48.8
70	52.8	45.9	52.0	46.8	51.2	47.7	50.4	48.6	49.5	49.5
71	53.6	46.6	52.8	47.5	51.9	48.4	51.1	49.3	50.2	50.2
72	54.3	47.2	53.5	48.2	52.7	49.1	51.8	50.0	50.9	50.9
73	55.1	47.9	54.2	48.8	53.4	49.8	52.5	50.7	51.6	51.6
74	55.8	48.5	55.0	49.5	54.1	50.5	53.2	51.4	52.3	52.3
75	56.6	49.2	55.7	50.2	54.9	51.1	54.0	52.1	53.0	53.0
76	57.4	49.9	56.5	50.9	55.6	51.8	54.7	52.8	53.7	53.7
100	75.5	65.6	74.3	66.9	73.1	68.2	71.9	69.5	70.7	70.7
200	150.9	131.2	148.6	133.8	146.3	136.4	143.9	138.9	141.4	141.4
300	226.4	196.8	222.9	200.7	219.4	204.6	215.8	208.4	212.1	212.1
400	301.9	262.4	297.2	267.6	292.5	272.8	287.7	277.9	282.8	282.8
d.	a.	b.	a.	b.	a.	b.	a.	b.	a.	b.
	49°		48°		47°		46°		45°	

Tafel 5. Gesamtkorrektion für Fixsterne.

Kimm-abstand	Augeshöhe							
	3^m	4^m	5^m	6^m	7^m	8^m	9^m	10^m
10°	− 8′4	− 8′8	− 9′3	− 9′7	−10′0	−10′3	−10′7	−11′0
11	− 8.0	− 8.4	− 8.8	− 9.2	− 9.6	− 9.9	−10.2	−10.5
12	− 7.6	− 8.0	− 8.4	− 8.8	− 9.2	− 9.5	− 9.8	−10.1
13	− 7.2	− 7.7	− 8.1	− 8.5	− 8.9	− 9.2	− 9.5	− 9.8
14	− 6.9	− 7.4	− 7.8	− 8.2	− 8.6	− 8.9	− 9.2	− 9.5
15	− 6.6	− 7.1	− 7.5	− 7.9	− 8.3	− 8.6	− 8.9	− 9.2
16	− 6.4	− 6.9	− 7.3	− 7.7	− 8.1	− 8.4	− 8.7	− 9.0
17	− 6.2	− 6.7	− 7.1	− 7.5	− 7.9	− 8.2	− 8.5	− 8.8
18	− 6.1	− 6.5	− 6.9	− 7.3	− 7.7	− 8.0	− 8.3	− 8.6
19	− 5.9	− 6.4	− 6.8	− 7.1	− 7.5	− 7.8	− 8.1	− 8.4
20	− 5.8	− 6.2	− 6.6	− 7.0	− 7.3	− 7.7	− 8.0	− 8.2
22	− 5.5	− 6.0	− 6.4	− 6.8	− 7.1	− 7.4	− 7.7	− 8.0
24	− 5.3	− 5.8	− 6.2	− 6.6	− 6.9	− 7.2	− 7.5	− 7.8
26	− 5.1	− 5.6	− 6.0	− 6.4	− 6.7	− 7.0	− 7.3	− 7.6
28	− 4.9	− 5.4	− 5.8	− 6.2	− 6.5	− 6.8	− 7.1	− 7.4
30	− 4.8	− 5.2	− 5.6	− 6.0	− 6.3	− 6.7	− 7.0	− 7.3
35	− 4.5	− 4.9	− 5.3	− 5.7	− 6.1	− 6.4	− 6.7	− 7.0
40	− 4.2	− 4.7	− 5.1	− 5.5	− 5.9	− 6.2	− 6.5	− 6.8
45	− 4.1	− 4.5	− 4.9	− 5.3	− 5.7	− 6.0	− 6.3	− 6.6
50	− 3.9	− 4.3	− 4.8	− 5.2	− 5.5	− 5.8	− 6.1	− 6.4
60	− 3.7	− 4.1	− 4.5	− 4.9	− 5.3	− 5.6	− 5.9	− 6.2
70	− 3.4	− 3.9	− 4.3	− 4.7	− 5.1	− 5.4	− 5.7	− 6.0
80	− 3.2	− 3.7	− 4.1	− 4.5	− 4.9	− 5.2	− 5.5	− 5.8
90	− 3.1	− 3.5	− 4.0	− 4.4	− 4.7	− 5.0	− 5.3	− 5.6

Verkleinerung der obigen Werte bei Planeten.

Höhe	Horizontalparallaxe							
	4″	8″	12″	16″	20″	24″	28″	32″
10°	+ 0′1	+ 0′1	+ 0′2	+ 0′3	+ 0′3	+ 0′4	+ 0′5	+ 0′5
30	+ 0.1	+ 0.1	+ 0.2	+ 0.2	+ 0.3	+ 0.3	+ 0.4	+ 0.5
50	+ 0.0	+ 0.1	+ 0.1	+ 0.2	+ 0.2	+ 0.2	+ 0.3	+ 0.3
70	+ 0.0	+ 0.0	+ 0.1	+ 0.1	+ 0.1	+ 0.1	+ 0.2	+ 0.2
90	+ 0.0	+ 0.0	+ 0.0	+ 0.0	+ 0.0	+ 0.0	+ 0.0	+ 0.0

Tafel 6. Gesamtkorrektion für Sonnenunterrand.

Kimm-abstand	Augeshöhe							
	3ᵐ	4ᵐ	5ᵐ	6ᵐ	7ᵐ	8ᵐ	9ᵐ	10ᵐ
5°	+ 3.1	+ 2.6	+ 2.2	+ 1.8	+ 1.4	+ 1.1	+ 0.8	+ 0.5
6	+ 4.5	+ 4.0	+ 3.6	+ 3.2	+ 2.8	+ 2.5	+ 2.2	+ 1.9
7	+ 5.6	+ 5.1	+ 4.7	+ 4.3	+ 3.9	+ 3.6	+ 3.3	+ 3.0
8	+ 6.5	+ 6.0	+ 5.6	+ 5.2	+ 4.8	+ 4.5	+ 4.2	+ 3.9
9	+ 7.1	+ 6.6	+ 6.2	+ 5.8	+ 5.5	+ 5.2	+ 4.9	+ 4.6
10	+ 7.7	+ 7.2	+ 6.8	+ 6.4	+ 6.1	+ 5.8	+ 5.5	+ 5.2
11	+ 8.2	+ 7.7	+ 7.3	+ 6.9	+ 6.5	+ 6.2	+ 5.9	+ 5.6
12	+ 8.6	+ 8.1	+ 7.7	+ 7.3	+ 6.9	+ 6.6	+ 6.3	+ 6.0
13	+ 8.9	+ 8.4	+ 8.0	+ 7.6	+ 7.3	+ 7.0	+ 6.7	+ 6.4
14	+ 9.2	+ 8.7	+ 8.3	+ 7.9	+ 7.6	+ 7.3	+ 7.0	+ 6.7
15	+ 9.5	+ 9.0	+ 8.6	+ 8.2	+ 7.8	+ 7.5	+ 7.2	+ 6.9
16	+ 9.7	+ 9.2	+ 8.8	+ 8.4	+ 8.0	+ 7.7	+ 7.4	+ 7.1
17	+ 9.9	+ 9.4	+ 9.0	+ 8.6	+ 8.2	+ 7.9	+ 7.6	+ 7.3
18	+10.1	+ 9.6	+ 9.2	+ 8.8	+ 8.4	+ 8.1	+ 7.8	+ 7.5
19	+10.3	+ 9.8	+ 9.4	+ 9.0	+ 8.6	+ 8.3	+ 8.0	+ 7.7
20	+10.5	+10.0	+ 9.6	+ 9.2	+ 8.8	+ 8.5	+ 8.2	+ 7.9
22	+10.7	+10.2	+ 9.8	+ 9.4	+ 9.1	+ 8.7	+ 8.4	+ 8.1
24	+10.9	+10.4	+10.0	+ 9.6	+ 9.3	+ 8.9	+ 8.6	+ 8.3
26	+11.1	+10.6	+10.2	+ 9.8	+ 9.5	+ 9.1	+ 8.8	+ 8.5
28	+11.2	+10.8	+10.4	+10.0	+ 9.7	+ 9.3	+ 9.0	+ 8.7
30	+11.4	+10.9	+10.5	+10.1	+ 9.8	+ 9.4	+ 9.1	+ 8.8
32	+11.5	+11.0	+10.6	+10.2	+ 9.9	+ 9.5	+ 9.2	+ 8.9
34	+11.6	+11.1	+10.7	+10.3	+10.0	+ 9.6	+ 9.3	+ 9.0
36	+11.7	+11.2	+10.8	+10.4	+10.1	+ 9.7	+ 9.4	+ 9.1
38	+11.8	+11.3	+10.9	+10.5	+10.2	+ 9.8	+ 9.5	+ 9.2
40	+11.9	+11.4	+11.0	+10.6	+10.3	+ 9.9	+ 9.6	+ 9.3
50	+12.2	+11.7	+11.3	+10.9	+10.6	+10.2	+ 9.9	+ 9.7
60	+12.4	+11.9	+11.5	+11.1	+10.8	+10.4	+10.1	+ 9.9
70	+12.6	+12.1	+11.7	+11.3	+11.0	+10.6	+10.3	+10.1
80	+12.8	+12.3	+11.9	+11.5	+11.2	+10.8	+10.5	+10.3
90	+12.9	+12.4	+12.0	+11.6	+11.3	+11.0	+10.7	+10.4

Tafel 7. Gesamtkorrektion für Sonnenoberrand.

Kimm-abstand	Augeshöhe							
	3ᵐ	4ᵐ	5ᵐ	6ᵐ	7ᵐ	8ᵐ	9ᵐ	10ᵐ
5°	−28′9	−29′4	−29′8	−30′2	−30′6	−30′9	−31′2	−31′5
6	−27.5	−28.0	−28.4	−28.8	−29.2	−29.5	−29.8	−30.1
7	−26.4	−26.9	−27.3	−27.7	−28.1	−28.4	−28.7	−29.0
8	−25.5	−26.0	−26.4	−26.8	−27.2	−27.5	−27.8	−28.1
9	−24.9	−25.4	−25.8	−26.2	−26.5	−26.8	−27.1	−27.4
10	−24.3	−24.8	−25.2	−25.6	−25.9	−26.2	−26.5	−26.8
11	−23.8	−24.3	−24.7	−25.1	−25.5	−25.8	−26.1	−26.4
12	−23.4	−23.9	−24.3	−24.7	−25.1	−25.4	−25.7	−26.0
13	−23.1	−23.6	−24.0	−24.4	−24.7	−25.0	−25.3	−25.6
14	−22.8	−23.3	−23.7	−24.1	−24.4	−24.7	−25.0	−25.3
15	−22.5	−23.0	−23.4	−23.8	−24.2	−24.5	−24.8	−25.1
16	−22.3	−22.8	−23.2	−23.6	−24.0	−24.3	−24.6	−24.9
17	−22.1	−22.6	−23.0	−23.4	−23.8	−24.1	−24.4	−24.7
18	−21.9	−22.4	−22.8	−23.2	−23.6	−23.9	−24.2	−24.5
19	−21.7	−22.2	−22.6	−23.0	−23.4	−23.7	−24.0	−24.3
20	−21.5	−22.0	−22.4	−22.8	−23.2	−23.5	−23.8	−24.1
22	−21.3	−21.8	−22.2	−22.6	−22.9	−23.3	−23.6	−23.9
24	−21.1	−21.6	−22.0	−22.4	−22.7	−23.1	−23.4	−23.7
26	−20.9	−21.4	−21.8	−22.2	−22.5	−22.9	−23.2	−23.5
28	−20.8	−21.2	−21.6	−22.0	−22.3	−22.7	−23.0	−23.3
30	−20.6	−21.1	−21.5	−21.9	−22.2	−22.6	−22.9	−23.2
32	−20.5	−21.0	−21.4	−21.8	−22.1	−22.5	−22.8	−23.1
34	−20.4	−20.9	−21.3	−21.7	−22.0	−22.4	−22.7	−23.0
36	−20.3	−20.8	−21.2	−21.6	−21.9	−22.3	−22.6	−22.9
38	−20.2	−20.7	−21.1	−21.5	−21.8	−22.2	−22.5	−22.8
40	−20.1	−20.6	−21.0	−21.4	−21.7	−22.1	−22.4	−22.7
50	−19.8	−20.3	−20.7	−21.1	−21.4	−21.8	−22.1	−22.4
60	−19.6	−20.1	−20.5	−20.9	−21.2	−21.6	−21.8	−22.1
70	−19.4	−19.9	−20.3	−20.7	−21.0	−21.4	−21.6	−21.9
80	−19.2	−19.7	−20.1	−20.5	−20.8	−21.2	−21.4	−21.7
90	−19.1	−19.6	−20.0	−20.4	−20.7	−21.0	−21.3	−21.6

Tafel 8. Unterschied der scheinbaren und wahren Mondhöhe.

Schein-bare Höhe	Horizontalparallaxe						
	54′	**55′**	**56′**	**57′**	**58′**	**59′**	**60′**
10°	47.9	48.9	49.8	50.8	51.8	52.8	53.8
15	48.6	49.6	50.5	51.5	52.5	53.4	54.4
20	48.1	49.0	50.0	50.9	51.9	52.8	53.7
22	47.7	48.6	49.5	50.5	51.4	52.3	53.3
24	47.2	48.1	49.0	49.9	50.8	51.7	52.7
26	46.6	47.5	48.4	49.3	50.2	51.1	52.0
28	45.9	46.8	47.6	48.5	49.4	50.3	51.2
30	45.1	46.0	46.8	47.7	48.6	49.4	50.3
31	44.7	45.5	46.4	47.3	48.1	49.0	49.8
32	44.2	45.1	45.9	46.8	47.6	48.5	49.3
33	43.8	44.6	45.5	46.3	47.2	48.0	48.8
34	43.3	44.2	45.0	45.8	46.7	47.5	48.3
35	42.9	43.7	44.5	45.3	46.1	47.0	47.8
36	42.4	43.2	44.0	44.8	45.6	46.4	47.2
37	41.8	42.6	43.4	44.2	45.0	45.8	46.6
38	41.3	42.1	42.9	43.7	44.5	45.3	46.0
39	40.8	41.5	42.3	43.1	43.9	44.7	45.4
40	40.2	41.0	41.8	42.5	43.3	44.1	44.8
41	39.6	40.4	41.2	41.9	42.7	43.4	44.2
42	39.1	39.8	40.5	41.3	42.0	42.8	43.5
43	38.5	39.2	39.9	40.7	41.4	42.1	42.9
44	37.8	38.6	39.3	40.0	40.7	41.4	42.2
45	37.2	37.9	38.7	39.4	40.1	40.8	41.5
46	36.6	37.3	38.0	38.7	39.4	40.1	40.8
47	35.9	36.6	37.3	38.0	38.7	39.3	40.0
48	35.3	35.9	36.6	37.3	37.9	38.6	39.3
49	34.6	35.2	35.9	36.5	37.2	37.9	38.5
50	33.9	34.6	35.2	35.9	36.5	37.1	37.8
51	33.2	33.9	34.5	35.1	35.7	36.4	37.0
52	32.5	33.1	33.7	34.3	35.0	35.6	36.2
53	31.8	32.4	33.0	33.6	34.2	34.8	35.4
54	31.0	31.6	32.2	32.8	33.4	34.0	34.6
55	30.3	30.9	31.4	32.0	32.6	33.2	33.7

Tafel 8. Unterschied der scheinbaren und wahren Mondhöhe.

Scheinbare Höhe	Horizontalparallaxe						
	54′	55′	56′	57′	58′	59′	60′
56°	29.6	30.1	30.7	31.2	31.8	32.3	32.9
57	28.8	29.3	29.9	30.4	31.0	31.5	32.1
58	28.0	28.5	29.1	29.6	30.1	30.7	31.2
59	27.2	27.7	28.3	28.8	29.3	29.8	30.3
60	26.4	26.9	27.4	27.9	28.4	28.9	29.4
61	25.6	26.1	26.6	27.1	27.6	28.1	28.6
62	24.8	25.3	25.8	26.2	26.7	27.2	27.7
63	24.0	24.5	24.9	25.4	25.8	26.3	26.8
64	23.2	23.6	24.1	24.5	25.0	25.4	25.8
65	22.4	22.8	23.2	23.6	24.1	24.5	24.9
66	21.5	21.9	22.3	22.8	23.2	23.6	24.0
67	20.7	21.1	21.5	21.9	22.3	22.6	23.0
68	19.8	20.2	20.6	21.0	21.3	21.7	22.1
69	19.0	19.3	19.7	20.1	20.4	20.8	21.1
70	18.1	18.5	18.8	19.2	19.5	19.8	20.2
71	17.2	17.6	17.9	18.2	18.5	18.9	19.2
72	16.4	16.7	17.0	17.3	17.6	17.9	18.2
73	15.5	15.8	16.1	16.4	16.7	17.0	17.2
74	14.6	14.9	15.2	15.4	15.7	16.0	16.3
75	13.7	14.0	14.2	14.5	14.7	15.0	15.3
76	12.8	13.1	13.3	13.5	13.8	14.0	14.3
77	11.9	12.1	12.4	12.6	12.8	13.0	13.3
78	11.0	11.2	11.4	11.6	11.8	12.1	12.3
79	10.1	10.3	10.5	10.7	10.9	11.1	11.3
80	9.2	9.4	9.5	9.7	9.9	10.1	10.2
81	8.3	8.4	8.6	8.8	8.9	9.1	9.2
82	7.4	7.5	7.7	7.8	7.9	8.1	8.2
83	6.5	6.6	6.7	6.8	6.9	7.1	7.2
84	5.5	5.6	5.7	5.8	6.0	6.1	6.2
85	4.6	4.7	4.8	4.9	5.0	5.1	5.1
86	3.7	3.8	3.8	3.9	4.0	4.0	4.1
87	2.8	2.8	2.9	2.9	3.0	3.0	3.1
88	1.9	1.9	1.9	1.9	2.0	2.0	2.1
89	0.9	0.9	1.0	1.0	1.0	1.0	1.0
90	0.0	0.0	0.0	0.0	0.0	0.0	0.0

Tafel 9. Gesamtkorrektion für Mondunterrand.

Kimm-abstand	Horizontalparallaxe des Mondes						
	54′	55′	56′	57′	58′	59′	60′
10°	+ 58,2	+ 59,5	+ 60,7	+ 62,0	+ 63,3	+ 64,5	+ 65,8
15	+ 59,0	+ 60.3	+ 61.5	+ 62.7	+ 64.0	+ 65.2	+ 66.5
20	+ 58.5	+ 59.7	+ 60.9	+ 62.2	+ 63.4	+ 64.6	+ 65.8
25	+ 57.3	+ 58.5	+ 59.7	+ 60.8	+ 62.0	+ 63.2	+ 64.4
30	+ 55.5	+ 56.7	+ 57.8	+ 58.9	+ 60.1	+ 61.2	+ 62.4
32	+ 54.7	+ 55.8	+ 56.9	+ 58.0	+ 59.2	+ 60.3	+ 61.4
34	+ 53.8	+ 54.9	+ 56.0	+ 57.1	+ 58.2	+ 59.3	+ 60.4
36	+ 52.8	+ 53.9	+ 55.0	+ 56.1	+ 57.2	+ 58.3	+ 59.4
38	+ 51.7	+ 52.8	+ 53.9	+ 54.9	+ 56.0	+ 57.1	+ 58.1
40	+ 50.7	+ 51.7	+ 52.8	+ 53.8	+ 54.9	+ 55.9	+ 57.0
42	+ 49.5	+ 50.6	+ 51.6	+ 52.7	+ 53.7	+ 54.7	+ 55.8
44	+ 48.3	+ 49.4	+ 50.4	+ 51.4	+ 52.4	+ 53.4	+ 54.4
46	+ 47.1	+ 48.1	+ 49.1	+ 50.1	+ 51.0	+ 52.0	+ 53.0
48	+ 45.8	+ 46.8	+ 47.7	+ 48.6	+ 49.6	+ 50.6	+ 51.6
50	+ 44.5	+ 45.4	+ 46.3	+ 47.2	+ 48.1	+ 49.1	+ 50.0
52	+ 43.1	+ 44.0	+ 44.9	+ 45.8	+ 46.7	+ 47.5	+ 48.4
54	+ 41.7	+ 42.6	+ 43.4	+ 44.2	+ 45.1	+ 45.9	+ 46.8
56	+ 40.2	+ 41.0	+ 41.8	+ 42.6	+ 43.5	+ 44.3	+ 45.2
58	+ 38.6	+ 39.4	+ 40.2	+ 41.0	+ 41.9	+ 42.7	+ 43.5
60	+ 37.0	+ 37.8	+ 38.6	+ 39.4	+ 40.1	+ 40.9	+ 41.7
62	+ 35.4	+ 36.2	+ 37.0	+ 37.7	+ 38.4	+ 39.1	+ 39.9
64	+ 33.8	+ 34.5	+ 35.2	+ 35.9	+ 36.6	+ 37.3	+ 38.1
66	+ 32.2	+ 32.9	+ 33.6	+ 34.3	+ 35.0	+ 35.7	+ 36.4
68	+ 30.5	+ 31.2	+ 31.8	+ 32.4	+ 33.0	+ 33.7	+ 34.4
70	+ 28.6	+ 29.2	+ 29.8	+ 30.5	+ 31.2	+ 31.8	+ 32.5
72	+ 26.8	+ 27.4	+ 28.0	+ 28.7	+ 29.4	+ 30.0	+ 30.5
74	+ 25.1	+ 25.7	+ 26.3	+ 26.9	+ 27.5	+ 28.1	+ 28.6
76	+ 23.4	+ 23.9	+ 24.4	+ 25.0	+ 25.6	+ 26.1	+ 26.6
78	+ 21.5	+ 22.1	+ 22.6	+ 23.1	+ 23.6	+ 24.1	+ 24.6
80	+ 19.8	+ 20.2	+ 20.7	+ 21.1	+ 21.6	+ 22.0	+ 22.5
82	+ 17.8	+ 18.3	+ 18.7	+ 19.1	+ 19.5	+ 19.9	+ 20.4
84	+ 16.0	+ 16.4	+ 16.8	+ 17.1	+ 17.5	+ 17.9	+ 18.3
86	+ 14.2	+ 14.5	+ 14.8	+ 15.2	+ 15.5	+ 15.9	+ 16.2
88	+ 12.3	+ 12.6	+ 12.9	+ 13.2	+ 13.5	+ 13.9	+ 14.2

Korrektion wegen der Augeshöhe.

Augeshöhe	3ᵐ	4ᵐ	5ᵐ	6ᵐ	7ᵐ	8ᵐ	9ᵐ	10ᵐ
Korrektion	+ 1,3	+ 0,8	+ 0,4	± 0,0	− 0,3	− 0,7	− 1,0	− 1,3

Tafel 10. Gesamtkorrektion für Mondoberrand.

Kimm-abstand	Horizontalparallaxe des Mondes						
	54′	55′	56′	57′	58′	59′	60′
10°	+ 28!8	+ 29!5	+ 30!2	+ 30!9	+ 31!6	+ 32!3	+ 33!0
15	+ 29.5	+ 30.2	+ 30.9	+ 31.6	+ 32.3	+ 33.0	+ 33.7
20	+ 29.1	+ 29.7	+ 30.4	+ 31.1	+ 31.7	+ 32.4	+ 33.0
25	+ 27.8	+ 28.4	+ 29.1	+ 29.7	+ 30.4	+ 31.0	+ 31.7
30	+ 26.1	+ 26.6	+ 27.2	+ 27.8	+ 28.4	+ 29.0	+ 29.6
32	+ 25.3	+ 25.8	+ 26.4	+ 26.9	+ 27.4	+ 28.0	+ 28.6
34	+ 24.3	+ 24.9	+ 25.4	+ 25.9	+ 26.4	+ 27.0	+ 27.6
36	+ 23.3	+ 23.9	+ 24.4	+ 24.9	+ 25.4	+ 26.0	+ 26.5
38	+ 22.3	+ 22.9	+ 23.4	+ 23.9	+ 24.3	+ 24.8	+ 25.3
40	+ 21.2	+ 21.7	+ 22.2	+ 22.6	+ 23.1	+ 23.6	+ 24.1
42	+ 20.0	+ 20.5	+ 21.0	+ 21.4	+ 21.9	+ 22.3	+ 22.8
44	+ 18.7	+ 19.2	+ 19.7	+ 20.1	+ 20.5	+ 20.9	+ 21.4
46	+ 17.5	+ 18.0	+ 18.4	+ 18.8	+ 19.2	+ 19.6	+ 20.0
48	+ 16.2	+ 16.6	+ 17.0	+ 17.4	+ 17.8	+ 18.2	+ 18.6
50	+ 14.9	+ 15.2	+ 15.6	+ 16.0	+ 16.3	+ 16.7	+ 17.1
52	+ 13.5	+ 13.8	+ 14.2	+ 14.5	+ 14.8	+ 15.1	+ 15.5
54	+ 12.1	+ 12.4	+ 12.7	+ 13.0	+ 13.3	+ 13.6	+ 13.9
56	+ 10.6	+ 10.9	+ 11.1	+ 11.3	+ 11.6	+ 11.9	+ 12.2
58	+ 9.0	+ 9.3	+ 9.5	+ 9.7	+ 10.0	+ 10.3	+ 10.6
60	+ 7.4	+ 7.7	+ 7.9	+ 8.1	+ 8.3	+ 8.6	+ 8.8
62	+ 5.8	+ 6.0	+ 6.2	+ 6.4	+ 6.6	+ 6.8	+ 7.0
64	+ 4.2	+ 4.4	+ 4.6	+ 4.7	+ 4.8	+ 5.0	+ 5.2
66	+ 2.6	+ 2.7	+ 2.8	+ 2.9	+ 3.0	+ 3.2	+ 3.4
68	+ 0.9	+ 1.0	+ 1.0	+ 1.1	+ 1.2	+ 1.3	+ 1.4
70	− 0.9	− 0.8	− 0.8	− 0.7	− 0.6	− 0.6	− 0.5
72	− 2.6	− 2.6	− 2.6	− 2.5	− 2.5	− 2.5	− 2.4
74	− 4.4	− 4.4	− 4.4	− 4.4	− 4.4	− 4.4	− 4.4
76	− 6.2	− 6.2	− 6.3	− 6.3	− 6.3	− 6.4	− 6.4
78	− 8.0	− 8.1	− 8.1	− 8.2	− 8.3	− 8.3	− 8.4
80	− 9.8	− 9.9	− 10.0	− 10.1	− 10.2	− 10.3	− 10.4
82	− 11.6	− 11.8	− 11.9	− 12.0	− 12.2	− 12.3	− 12.5
84	− 13.5	− 13.7	− 13.8	− 14.0	− 14.2	− 14.3	− 14.5
86	− 15.3	− 15.5	− 15.7	− 15.9	− 16.1	− 16.3	− 16.6
88	− 17.2	− 17.4	− 17.6	− 17.9	− 18.1	− 18.4	− 18.6

Korrektion wegen der Augeshöhe.

Augeshöhe	3m	4m	5m	6m	7m	8m	9m	10m
Korrektion	+ 1!3	+ 0!8	+ 0!4	± 0!0	− 0!3	− 0!7	− 1!0	− 1!3

www.ingramcontent.com/pod-product-compliance
Lightning Source LLC
Chambersburg PA
CBHW021713230426
43668CB00008B/825